セレクション社会心理学—24

チームワークの心理学

よりよい集団づくりをめざして

山口裕幸 著

サイエンス社

「セレクション社会心理学」の刊行にあたって

近年、以前にも増して人々の関心が人間の「心」へ向かっているように思えます。「心」の理解を目指す学問領域はいくつかありますが、その一つ社会心理学においては、とくに人間関係・対人関係の問題を中心にして刺激的な研究が行われ、着実にその歩みを進めています。

従来から、これらの研究を広く総合的に紹介する優れた本は出版されてきましたが、個々のトピックについてさらに理解を深めようとしたときに適切にその道案内をしてくれるシリーズはありませんでした。こうした状況を考慮し、『セレクション社会心理学』は、社会心理学やその関連領域が扱ってきた問題の中から私たちが日々の生活の中で出会う興味深い側面をセレクトし、気鋭の研究者が最新の知見に基づいて紹介することを目指して企画されました。道案内をつとめるのは、それぞれの領域の研究をリードしてきた先生方です。これまでの研究成果をわかりやすいかたちで概観し、人間の「心」について考える手がかりを与えてくれることでしょう。

自ら社会心理学の研究を志す学生の皆さんだけでなく、自己理解を深めようとしている一般の方々にとっても大いに役立つシリーズになるものと確信しています。

編集委員　安藤清志　松井　豊

目　次

1 チームワークとは何か……………………………1

2

5 優れたチームワークを育むには……139

1・チームワークとは何か

●チームワークの重要性の本質

人類進化の視点

人類は集団を形成して生活することで生き延び、進化してきました。過酷な原始の自然環境の中で、食糧を確保し、外敵から身を守り、子どもたちを生み育てていくためには、集団を形成して互いに支えあいながら生活することが不可避にして最善の選択肢だったのです。

集団で生活していくためには、一人ひとりが思いおもいに判断し行動をとっていたのではうまくいかないときがしばしばあります。もし所属している集団が的確な判断や行動をとることができなければ、場合によっては、それは即座にメンバーの死を意味することさえあったでしょう。個々のメンバーが集団全体の目的をよく理解して、コミュニケーションをとりあいながら、必要に応じて互いの考えや行動、態度などを調整しあうこと、すなわちチームワークをとることは、人類にとってより安全で幸福な生活を営んでいくために不可欠の要素だったと考えられます。

このように、チームワークの重要性の第一は、もし人類がそれをとることができなければ、種の存続は危うかったという視点からとらえることができます。

社会生活の基盤の視点

しかしながら、すでに文明の発達した現代では、チームワークをとることの重要性は、それほどなくなったのではないか、と考える人もいるでしょう。確かに、お金さえあれば、煩《わずら》わしい人間関係に悩まされることもなく、マイペースの生活を楽しむことが可能な世の中のようにも思えます。

しかし、人類誕生から六〇〇万年ともいわれる長い進化の歳月を支えてきた集団での生活スタイルはわれわれの生き方に深く染みついていて、さっさと脱ぎ捨てるわけにもいかないのが実情です。インターネットの普及を利用して自宅を仕事場にするソーホー（SOHO：Small Office Home Office）も珍しくなくなってきました。その一方で、東京とニューヨークとロンドンのように遠く離れた場所で働いている人たちが、わざわざチームを組んでプロジェクトを推進するケース（バーチャル・チームと呼ばれます）も増えてきました。このことは、人間はやはり個人単独でことを進めるよりも、仲間と（あるいは誰かと）一緒になって問題を克服していこうとする傾向を強く持っていることを示しているように思えます。そもそも、ホーマンズ（一九六一）が指摘したように、われわれの生活は貨幣を媒介した社会的交換によって成り立っており、何らかの形で互いに依存しあう形になっています。様々な社会活動や経済活動、政治活動を見ても、ほとんどが集団や組織を基盤にして運営されています。集団でいかに効率的に生産性や安全性を高めていけるかは、人間にとって、昔も今も重要な課題であり続けているといえるでしょう。

大規模な集団や組織の中では、より効率的に目標を達成するために、仕事や役割の分担を行って、係や班、課や部などのチームで活動するスタイルがとられていることが一般的です。身近な生活を観察してみても、医療、福祉、教育、行政、ビジネスやスポーツなど、われわれの生活はチームによる活動に支えられ、彩られていることがわかります。

チーム活動の目標達成度や充実度、効果性や効率性は、われわれの幸福な生活に直接的な影響をもたらすものです。たとえば手術を行う医療チームの効率性が不十分であったりすると、患者の側としては「取返しのつかないことになるのではないか」と安心できないことは容易に想像できるところです。幸福な社会生活や大規模な集団や組織の活動は、様々なチーム活動に支えられており、チーム活動の目標達成の鍵を握る要素としてチームワークの重要性を認識することができます。チームワークは社会生活の基盤として重要なのです。

●チームワーク研究の狙いと意義

集団を形成して、他者と協調しながら、全体の目標達成のための行動をとること、すなわち社会性を持っていることは、人間がいかなる存在であるのかを考えるとき、大切な目のつけどころになります。古代ギリシャの哲学者アリストテレスが「人間は社会的動物である」と述べているように、社会性を持っていることは、人間の基本的な特性の一つといえます。集団で目標達成に向けてメンバー全員で力をあわせようとするとき、われわれはいかなることを思い、考え、感じながら、どのように行動をとるのか、そしてそこからどのようにチームワークが発揮され、育まれるのかを検討することは、人間の社会性を明らかにしていく取組みとして大きな意義を持っています。

また、実践的な側面でも期待がかかります。先述したように、われわれの日常生活を支える様々な社会活動がチーム体制で運営されています。そこでは、より効率的かつ的確に活動を進めることができるように、チームワークを発揮することが求められます。チーム活動の現場では、どのようにすればより良いチームワークを発揮できるのか、また、優れたチームワークを育成できるのかという問題が、絶えず問われ続けています。そのような問いに心理学的な観点から解決の道筋を提示していくことも研究の大きな目的です。このような現実の問題解決を目指す側面でもチームワーク研究は大切な意義を持っています。

●チームワーク概念の多様性

チームワークの大切さについて異論を唱える人はほとんどいないでしょう。その一方で、「チームワークとは何か」という問いに対しては、人によって様々な答えがあるようです。たとえば、「仲良く心を一つにして行動をとれること」をチームワークと考える人は少なくないでしょう。しかしながら、どれほど仲が良くても、互いに甘えあい、かばいあってチーム全体の目標達成ができないのではチームワークとは呼べないと考える人もたくさんいます。

チーム・スポーツの世界でも、チームワークのとらえ方には多様な視点があるようです。一九九〇年のプロ野球日本シリーズは読売ジャイアンツと西武ライオンズの対決になりました。九連覇を含み日本球界の盟主として君臨してきたジャイアンツと、西武鉄道が新しいオーナーになって急速に躍進してきたライオンズとの戦いは、四勝〇敗でライオンズの圧倒的な勝利に終わりました。勝敗の決した第四戦の終了後のインタビューで、ジャイアンツの主力選手だった岡崎　郁《かおる》選手は「野球観がかわってしまうようなショックを受けた」と述べています。その趣旨は、チームワークとは選手が互いに弱点を補いあって結束することだと思ってきたが、それではチームは必ずしも強くならないことを知った、ということでした。さらに説明すると、ジャイアンツの選手たちは、人間に好不調の波はつきものなのだから、好調な選手が不調な選手の分までバックアップし、カバーしながら団結するスタイルのチームワークを発揮して闘おうとしたようです。それに対して、ライオンズの選手は一人ひとりが自分の最高のパフォーマンスを示すことでチームの目標達成に貢献しようとするスタイルのチームワークを発揮しようとしていたということでした。

確かに、岡崎選手のようなチームワークの考え方が間違っているとは思えません。時には十分に強力なチームワークになりうるでしょう。ただ、チームどうしで対決するときには、不調な選手の分までカバーすることを考えなければならないチームワークよりも、チームの勝利のために自分自身が発揮できる最高のパフォーマンスをあげることで貢献しようとするスタイルの方が相対的に強かったのだといえそうです。野球だけでなく、ラグビーやサッカーのようなチーム・スポーツでは、個の卓越した力量こそがチームワークの原点であるという主張はかなり多く見られます（平尾 一九九六、岡田ら 二〇〇三など）。ただし、個々が最高のパフォーマンスを示すというとき、それはあくまでもチームの目標達成に有効な方法で発揮することが前提になります。

もっとも、結論はこれで決まり、というわけではありません。チーム・スポーツにおけるチームワークの考え方が、すべてのチーム活動に当てはまるわけでもないのです。仕事に不慣れな新人やハンディキャップを背負いながらチーム活動に参加している人がいるチームでは、やはり互いに助けあうことはチームワークの重要な要素です。自衛隊や消防隊では、他のメンバーの仕事がうまくいくように支援しあう活動は不可欠ですし、負傷した仲間がいても置き去りにするわけにはいきません。メンバー全員が仕事を完遂するように助けあう側面がチームワークの重要な要素になります。

工場や建設の現場、あるいは医療・看護の現場では、一人のミスやエラーが深刻な事故に結びついてしまう場合もあります。このような現場で頭が痛いのは、誰も好きこのんでミスやエラーを犯すわけではないという点です。自分でも気づかないうちにミスをしたり、仕事の方法や手順について、間違っているのにそうすることが正しいと思いこんでエラーを犯してしまうのが人間です。誰もがこのヒューマン・エラーから逃れることはできません。したがって、絶えずチームの仲間たちの行動にも注意を払い、もしミスやエラーがあれば、それを察知して指摘し、修正する必要があります。このように、的確にチーム全体の仕事が遂行されるようにチームのメンバーの言動に注意を払うことにチームワークの重心を置くチームも世の中にはたくさん存在します。

他にもオーケストラやジャズ・カルテットではどうか、ビジネス・チームではどうか、あるいはバーチャル・チームではどうかなど、チームワークのとらえ方は多様で、いくつもの視点から議論することができます。本書は社会心理学的な視点から、できるだけ一般性の高い概念に基づいて、チームワークについて検討していくことを目指しています。そこで、チームワークを論じるうえで、その基盤となるチームとは何かを明らかにするところから始めたいと思います。

●集団とチームはどこがどのように違うのか

集団の定義

複数の人々が集まればそれで集団といえるでしょうか。たとえば、電車に乗るために駅のホームに集まった人々や、デパートのバーゲンセールに集まった人々は集団といえるのでしょうか。社会心理学では、これらの人々のことは群衆もしくは集合と呼び、集団とは区別しています。では、集団とはどのようなものを指すのでしょうか。研究者によって種々議論があるのですが、それらを包括的にまとめたものとして、ここでは広田（一九八一）の示した定義を参照することにします。

すなわち、「集団とは、①二人またはそれ以上の人々から構成され、②それらの人々の間に相互作用やコミュニケーションがみられ、③なんらかの規範が共有され、④地位や役割の関係が成立し、⑤外部との境界を設定して一体感を維持している人々から成立する社会的システム」のことを指します。

もっとも、集団はその形成から時間が経過するにつれ発達していく存在です。③の規範の共有や④の地位・役割関係の成立、さらには⑤の一体感の維持などは、集団がある程度成熟するにつれて備わってくる要素といえるでしょう。集団と呼べる最低限の条件としては①と②の二つの要素が備わっていることがあげられます（図1参照）。

ただし、これだけでは群衆や集合との区別がつきにくいかもしれません。集団と呼ぶには、もう一つの基本的要素が必要だといえます。それは、集団を形成するための何らかの目的が存在することです。駅のホームに集まっている人々の目的は電車に乗ることであって、他の誰かとコミュニケーションを交わして一緒に何かを始めることではありません。集団の場合は、曖昧で不明確な場合もあるにせよ、集まって何かをする目的があって、形成されます。お茶を飲んでおしゃべりをすることでも良いし、文化祭の企画を検討するこ

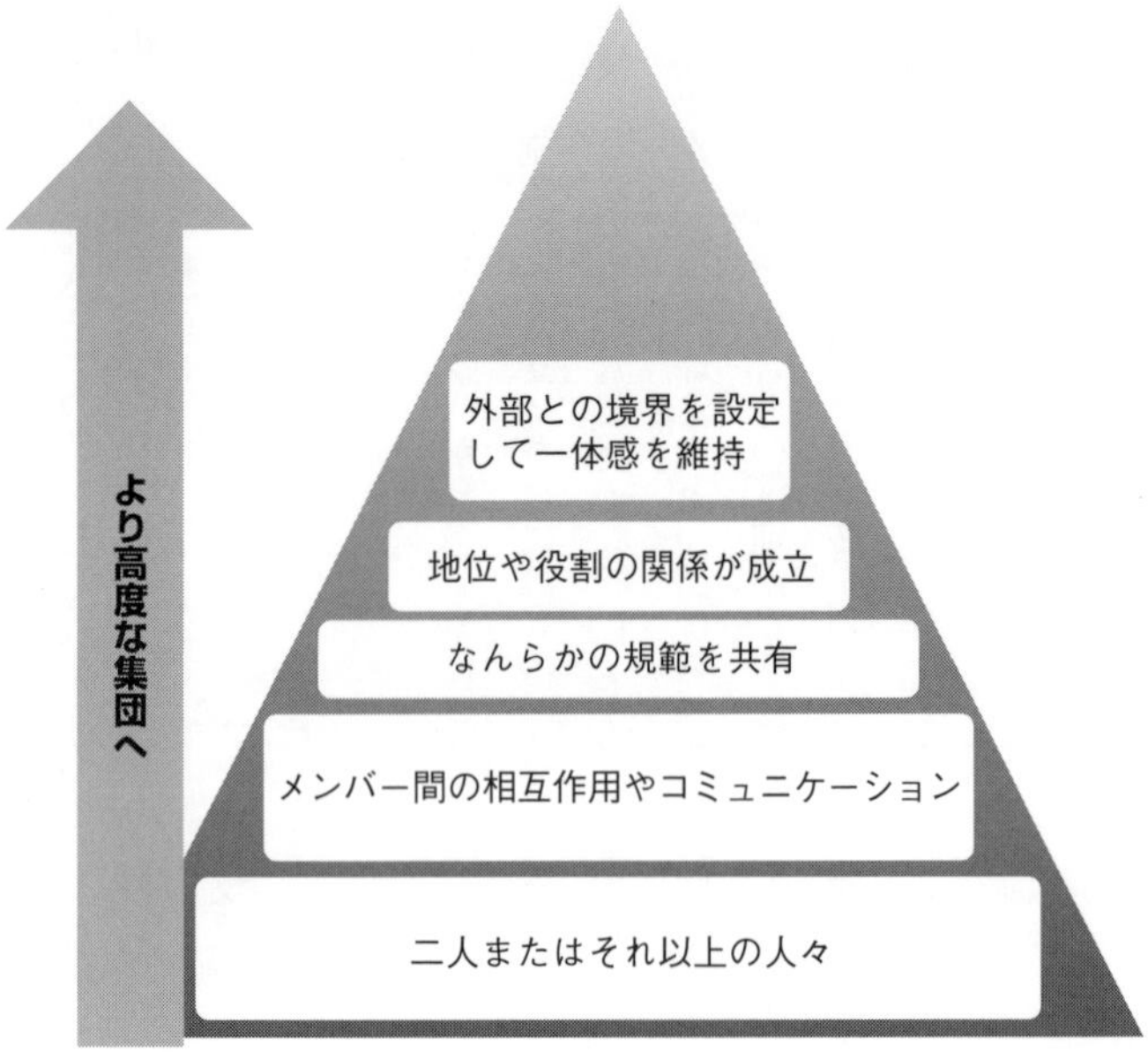

図1　集団の定義の概念図

とでも構いません。集まる理由や目的が何かしら存在することが集団であることの基本条件です。

以上を整理してみると、「集団とは、何らかの理由・目的があって集まった二人またはそれ以上の人々が、コミュニケーションをとり相互作用しながら作り上げる社会システムである」といえます。仲間集団や家族、あるいはインターネットで知りあった者たちが集まるオフ会など、集団と呼べるものはかなり広い範囲にわたるものだといえます。

チームと呼ぶための条件

チームは集団の一つの形態ですが、いくつもの条件を満たしている必要があります。たくさんの研究者たちがチームを定義していますが、もっとも広く受け入れられているものとしてサラスら（一九九二）による定義があげられます。それによると、「チームとは、価値のある共通の目標や目的の達成あるいは職務の遂行のために、力動的で相互依存的、そして適応的な相互作用を行う二人以上の人々からなる境界の明瞭な集合体である。なお各メンバーは課題遂行のための役割や職能を割り振られており、メンバーである期間は一定の期限がある」というものです。やや堅苦しいので、もう少しかみ砕いて説明しましょう（図2参照）。

チームに備わっているべき要素の第一は、チームとして達成すべき目標が存在すること

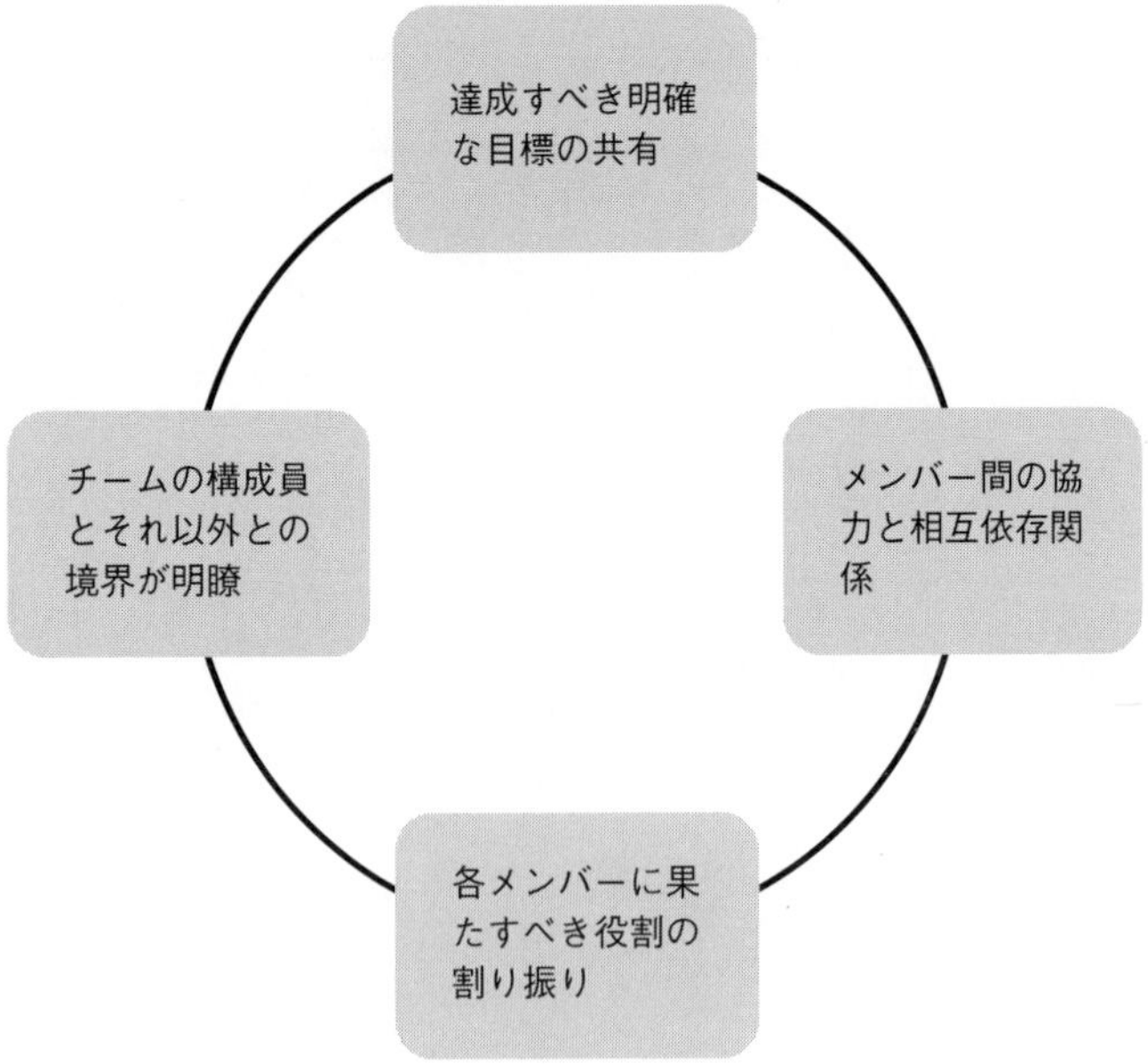

図２　チームに備わっているべき要素

です。むしろ、達成すべき目標があるからこそチームを組む、と考えたほうが良いくらいです。チームの目標は、集団のところで紹介した「何かしら」というような曖昧なものではありません。明確であると同時に、メンバーにとって共通に価値のあるものであり、これがチームの目標であるとメンバーの誰もが認識しているものです。

チームに備わっているべき第二の要素は、メンバーどうしは、協力しあって課題や作業に取り組むとともに、チームの目標達成のために互いに依存しあう関係にあることです。つまり、自分一人で課題や作業の遂行が完結するのではなく、他のメンバーとコミュニケーションを取りあい、相互作用のあり方も多様に変化させ、あくまで協力しあいながら課題や作業を遂行することがメンバーには求められるのです。

第三の要素は、各メンバーに果たすべき役割が割り振られることです。これは第二の要素とも深く関連します。効率よくチームの目標を達成し、課題を遂行するために、チームではメンバーに役割を与えて、その役割を十分に果たせるような技能を発揮することを求めます。場合によっては、個々のメンバーの能力に適した役割が割り振られることもあります。いずれにしても、チームのメンバー間の関係は、役割によって強く規定されることになります。

そして最後の第四の要素は、チームのメンバーとそれ以外の人々との境界は明瞭であることです。チームのメンバーは誰なのか、メンバーどうしが互いを明確に認識できているということです。メンバーは一定の期間を経て次第に入れ替わりますが、チームの境界は維持され続けます。

チームの概念モデル

チームに備わっているべき要素を整理して、堀ら（二〇〇七）は図3のようなモデルを提示しています。ミッションは長期的目的、ゴールはミッションを達成するための当面の具体的成果目標です。チームの目標は長期的展望に立つものと、当面の具体的な個別の目標とに区別されることが大事です。プロセスは目標に辿り着くための手順や道順のことで、具体的にはメンバー間の相互作用のあり方を意味します。そのプロセスに影響を与えるのがルールであり、メンバーの能力と役割です。

ルールはプロセスを円滑に進めるためにあらかじめ決めておくこともありますし、メンバーの相互作用の過程で自然に生み出され共有されることもあります。ルールの存在がチームであることの必須条件であるかどうかについては議論のあるところです。ただ、少なくともメンバーどうしが効率的に相互作用し協力しあうためには、ルールが明確に存在するほうが良いのは間違いないところだと思います。このモデル図は、優れた成果をあげ

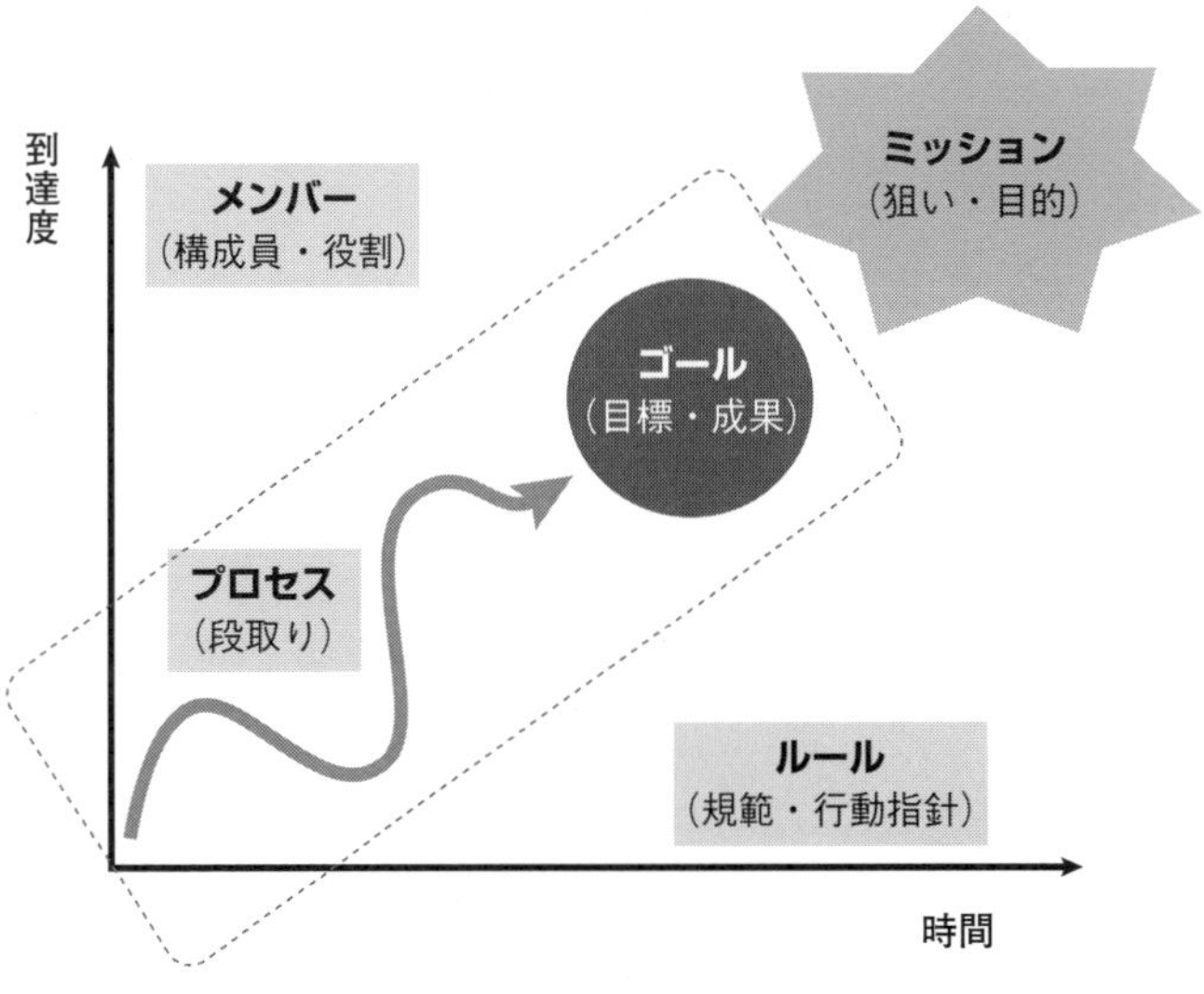

図3　チームの概念モデル（堀ら，2007より）

る理想的なチームの概念を示すものとして、実践的なチーム育成のあり方を議論するときに大変参考になります。

三つのタイプのチーム・スタイル

一口にチームといっても、目的や課題、形成の手順やメンバーシップなど、特性によって様々なものがあるように思えます。よく耳にするものとしてプロジェクト・チームや作業チーム、開発チームなどがあげられます。また最近ではタスク・フォースやワーキング・グループといった言葉もよく耳にします。チームとは何なのか、明確に認識するために、多様に表現されるチームの分類について、アロウら（二〇〇〇）の議論を参照しながら整理しておきましょう。

アロウらは、何らかの目標達成を目指す集団を包括的にワークグループと呼んでいます。そして、それを大きく、タスク・フォース、チーム、クルーの三タイプに分類しています。

タスク・フォースは、目的とするプロジェクト（事業）が完了したら解散することが前提となって形成されるワークグループを指します。プロジェクトの完遂を目指して、メンバーの選抜や役割配分など極めて戦略的にデザインされた集団です。メンバーもそのタスク・フォースに参加するために一時的に、普段所属している母体となるワークグループから選抜されます。メンバーどうしのつながりは、プロジェクトの完遂という目標で結ばれていますが、それ以外の側面では必ずしも強固とはいえません。もしプロジェクトが変更になったり、中止になったりすると、タスク・フォースは解散することになります。日本ではプロジェクト・チームといわれるものが、これに該当すると考えられます。

これに対して、チームとは、もっと長期的に存続しながら、より幅広く多様なプロジェクトに取り組む集団を指します。メンバーどうしは比較的長期のつきあいがあり、プロジェクトへの関わりも長い期間に及びます。メンバーが互いの技能を見極めたり、チームの一員としての意識を高めたりするまでに時間がかかるため、即座に効果的に機能するのが難しいという側面もあります。メンバーシップが長期にわたることは、人間関係が熟成するという良い面もありますが、意見の対立や感情のもつれなどの葛藤が生じる可能性も高くなり、その影響も深刻になる場合があります。われわれがよく経験し見聞するチームの例としては、会社の中の課や係のような部署や、スポーツのチーム、部活動やサークルなどがあげられます。

最後にクルーですが、これは招集されて即座に形成され、短期の任務を完了すると同時に解散される集団です。メンバーは互いをよく知っていて、また個々に、クルーの任務の中で自分が担当する職務についても熟知し、熟達しています。医療における手術チームや

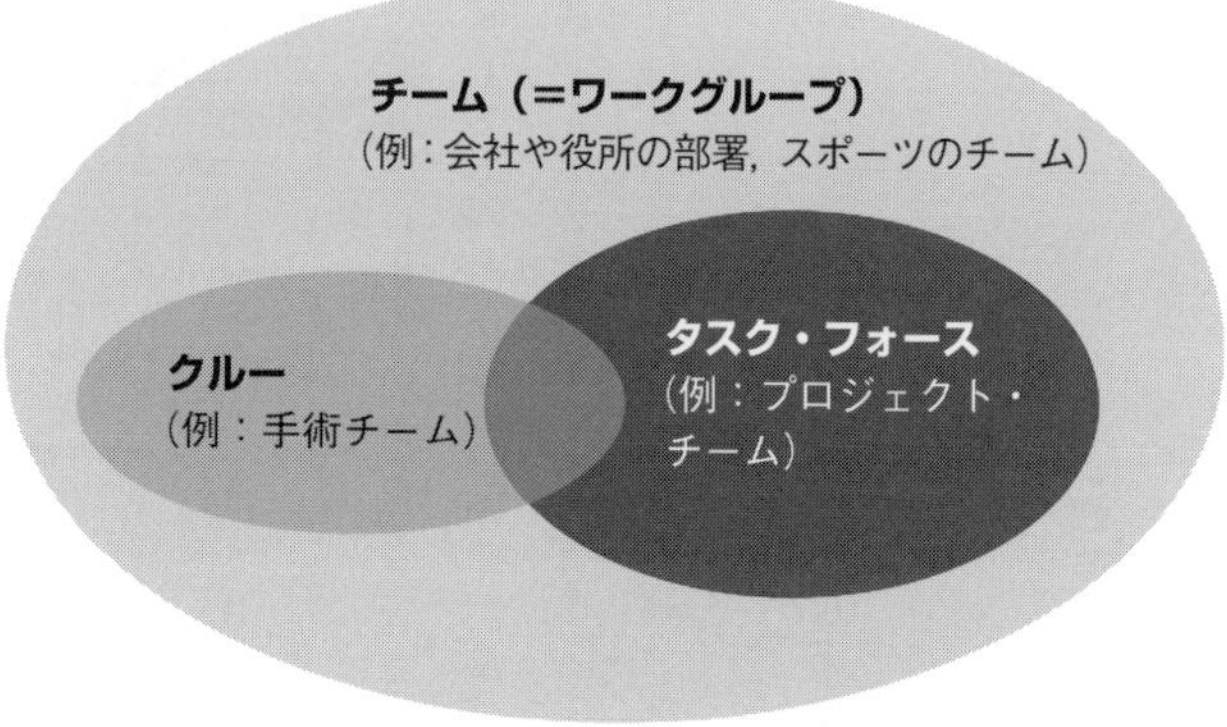

図4　チームのタイプ分け

飛行機を操縦するコックピット・クルー、当直のメンバーで即座に形成する消防隊チームなどが、このクルーに該当します。

アロウらは、ワークグループという上位概念の下に、タスク・フォース、チーム、クルーを位置づけていますが、組織心理学の領域では、チームとワークグループは極めて類似している概念として互換的に使われてきました。広義のチームがワークグループという関係です。このことを考慮に入れると、基本型はチームで、そこから派生する特殊型にタスク・フォースとクルーの二つがあると整理しておくのが良いと思われます（図4参照）。いずれにしても、効率的に目標を達成するためには、メンバーどうしが協力しあって任務を遂行しなければなりません。その意味で、タスク・フォースでもクルーでもチームでも、どのワークグループにもチームワークは必要不可欠なものです。優れたチームワークを育成することまでを視野に入れるなら、これら三つを混同することなく、明確に識別しておくことが望まれます。それぞれのタイプに応じて、形成されてから、発達し、変化し、解散(崩壊)に到るまでのプロセスには特徴があることに留意しておく必要があります。

●チームワークの概念を定義する

先ほども述べたように、チームワークのとらえ方には様々な視点があります。その中で、モーガンら(一九九三)による指摘は、チームワークをシンプルかつ的確にとらえるのに有効です。彼らの指摘は、「チームで任務遂行する際、メンバーが取り組む活動は、タスクワークとチームワークの二つに大別される」、というものです。

タスクワークとチームワーク

タスクワークとは、メンバー一人ひとりが取り組む業務の中で行う道具や機械の操作のことで、個人で完結する活動です。それに対して、チームワークとはメンバー間でコミュニケーションをとったり、互いに助けあったりする活動です。ディッキンソンとマッキンタイア（一九九七）は、「チームワークとはチーム内の情報共有や活動の相互調整のためにメンバーが行う対人行動全般である」と定義しています。確かにチームワークを行動面でとらえるとこのようになります。しかし、その一方で多くの研究者たちが、団結心や協調性など、メンバーの態度、感情、認知などの心理的な要素もチームワークの概念を定義するときに取り入れています。

つまり、チームワークは、観察可能な行動レベルの要素と、目に見えないけれどそれらの行動の背後で重要な影響を及ぼし作用している心理的レベルの要素から成り立っていると考えることができます。ここでは、整理して議論できるように、チームワークの行動的要素とチームワークの心理的要素に分けて解説していきます。

チームワークの行動的要素

メンバーのいかなる行動がチームワーク行動なのか、という点については実にたくさんの指摘があります。たとえば、「チームへの適応」、「コミュニケーション」、「行動の調整」、「他のメンバーの行動のモニタリング」、「状況認知の共有」、「援助行動」、「情報の共有」などです。ルソーら（二〇〇六）は、これら多種多様なチームワーク行動を図5のように、わかりやすく体系的に整理しています。

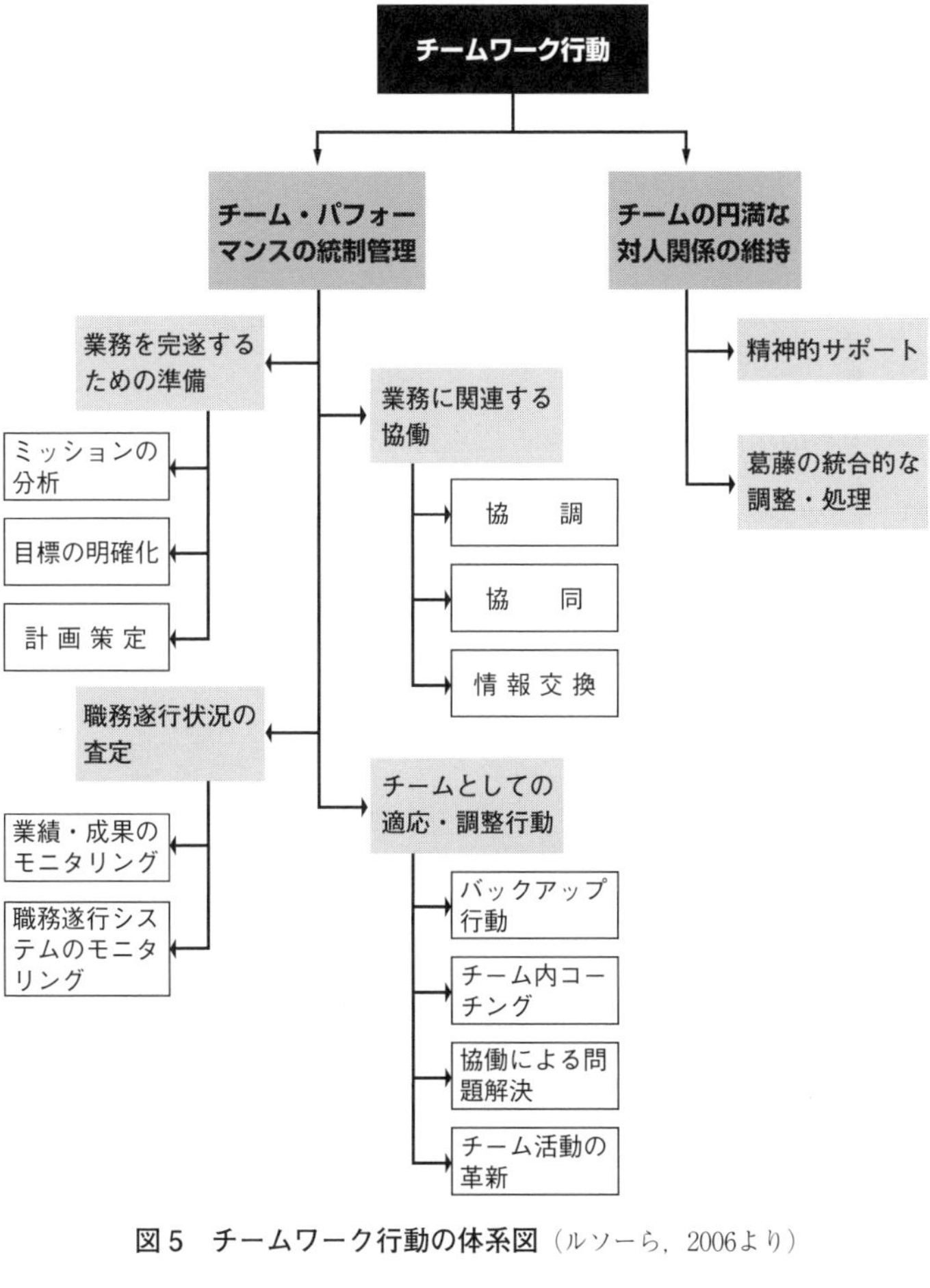

図5　チームワーク行動の体系図（ルソーら，2006より）

チームワーク行動は、チーム・パフォーマンスを統制し管理するための行動と、チームの円満な人間関係を維持するための行動の二つに大別されます。リーダーシップ研究においても、リーダーの効果的な行動を把握するときに同様の枠組みで分類がなされます。この二つの側面は、集団におけるメンバーの行動を分析する際に有効な枠組みであることがうかがえます。様々なチームワーク行動が存在することが図から見てとれますが、これらは何を目指した行動なのかという視点から整理されています。そして個々の行動がどこに位置づけられるか理解を促してくれるものとして、大変有用な分類図になっています。

チームワークの心理的要素

行動の側面に比べると、チームワークの心理的側面に関する本格的な議論はまだ始まったばかりだといえます。目に見えない要素であるために、具体的に把握するのが難しいからかもしれません。しかしながら、社会心理学の領域では、チームワークの心理的側面に深く関係する要素について検討した研究が豊富に存在します。

まずは、集団凝集性に関する研究です。集団凝集性は、もともと集団のまとまりの良さを示す概念として研究されてきました。しかし、集団のまとまりの良さをどのように測定すれば良いのかが問題でした。古くは、集団療法のセッションを観察して、メンバーが互いに親しみの感情を示す様子や一緒に課題に集中する様子を評価した研究や（ヤロムとランド 一九六六）、集団へのコミットメントやメンバーシップを表す行動の出現する程度を測定する取組みも行われています（チャルディーニら 一九七六）。他にも、集団内の人間関係の親密さに関するメンバーの自己報告を分析する方法や（フェスティンガー 一九五〇）、集団のメンバー間の親密さを評定してもらう手法もとられています（マーテンスとピーターソン 一九七一）。

このような研究の中で、集団のメンバー一人ひとりに対して、「この集団の一員としてどのくらい強く留まりたいと感じますか」と尋ねて、その気持ちの強さの程度を答えてもらうアプローチが主流となりました（シャクター 一九五一）。現在では、集団凝集性といえば、「メンバーを自発的に集団に留まらせる力の総体」と定義されています。集団凝集性の強さは、メンバー間の相互理解と受容、あるいは類似した態度の形成と結びつきが強いことがわかっています。集団凝集性はチームワークの良さと密接に関連する心理的要素であるといえます。

集団凝集性に関連の深い概念としてモラールがあります。モラールとは、士気、志気、やる気、あるいは作業意欲と表現されます。かつては、集団全体に感じられる活動への協調性や作業を効率的に進めようとする雰囲気など、集団レベルの志気を指す場合にも使われてきました。ただ、やる気や志気は個人が抱くものですから、基本的には個人の心理を指すものと認識しておいたほうが良いでしょう。

産業心理学の領域を中心に、様々な組織、集団、学級などを対象にしてモラールを測定する調査研究が活発に行われ、モラールの高い集団は凝集性や仕事への満足感が高く、人間関係も円満であることが報告されています。モラールもチームワークの心理的側面の重要な要素といえるでしょう。

集団のメンバーが、どのような行動パターンや判断基準を共有しているのかを検討したものとして集団規範の研究があります。集団で活動をしていると、メンバーどうしが意見の交換をしたり、他者の行動を手本にしたりします。このような相互作用が繰り返されるうちに、次第に意見や態度、行動の取り方、判断基準などをメンバーが共有するようになるのです。このメンバーに共有されている価値観、行動パターン、思考パターンを規範と呼びます。集団規範は、集団の一員として判断したり行動したりするときに、「このようにすべきだ」という指針を示す働きもします。判断や行動は個人で行っているのですが、集団で活動しているときは、気づかぬうちに規範を逸脱してしまわないように気をつけるようになります。集団規範は、集団の文化や特性を表すものとして、チームワークの心理的側面に密接に関連します。

チーム・メンタルモデル

近年注目されてきている概念としてチーム・メンタルモデルをあげます。メンタルモデルとは、ジョンソン＝レアード（一九八三）が提唱した概念で、知覚した物に対して感じる心理的な実体感に基づいてわれわれが心の中に作り上げる心的表象（イメージ）の一種であるとされます。これは、文章を理解したり、論理的な推論をしたりするときに使われていると考えられています。たとえば、夏休みに聞いた蝉時雨《せみしぐれ》は、その音声を知覚するだけに留まらず、蝉時雨が醸し出す雰囲気や場の風景までが心に表象（イメージ）として残ります。それがメンタルモデルとなって、芭蕉の「夏草や岩にしみいる蝉の声」の句を理解するのに役立ちます。ただし、チーム・メンタルモデルというとき、メンタルモデルという言葉はあまり厳密な意味で用いられていません。もっと一般的な意味で、人間が機械や装置の構造や働きについて理解して作り上げたイメージを指しています。チーム・メンタルモデルとほぼ同じ意味で、共有メンタルモデルという概念もよく使われています。

チーム・メンタルモデルとは、チームが取り組む課題の内容や遂行の仕方、チームの特性やメンバーの特性に関する知識や心的表象（イメージ）がメンバー間で共有されていることを意味しています。チームでメンタルモデルが共有されていると、チーム・パフォーマンスが促進されることが明らかになっています。また、クレイガーとウェンツェル（一九九七）は、チーム活動に関する「知識」、「行動」、「態度」の三つの要素について、各メンバーのメンタルモデルを質問紙で測定し、メンバー間の共有度を算出することで、チームワークを測定できると主張して、実証的な取組みを行っています。確かに、チーム・メンタルモデルは、チームワークの心理的側面を議論するとき、かなり重要な概念であると思われます。具体的にどのようにしてチーム・メンタルモデルを測定するのかについては、次の章で解説します。

集団同一視とコミットメント

チームの活動にどのくらい強く貢献しようとするか、という視点からもチームワークの心理的側面をとらえることができます。このような要素としては、集団同一視やコミットメントをあげることができます。

集団同一視とは、自分が所属する集団の一員であることに高い価値を認め、その集団の一員であることをもって、自分自身が何者であるかを確認する認知的な行為です。集団同一視が高いメンバーは、所属集団に親愛の情を抱き、自分の判断や行動を決定する際に逐一集団の規範を参考にする傾向を持ちます。コミットメントも類似した行為です。具体的には、自分が所属するある集団の一員であることを周囲の他者に公表することをコミットメントと呼びます。

私事で恐縮ですが、筆者は大学卒業後、アサヒビール株式会社に入社し、四年半にわたって、販売促進の営業の仕事をしました。アサヒビールの社員であったことは様々な機会に公表しています。この行為はアサヒビールへのコミットメントにつながります。ですから、教員仲間との飲み会でも、学生とのコンパでも、ことあるごとにアサヒビールのおいしさを主張してしまいます。コミットメントは、所属する集団への忠誠心を高める効果をもたらします。優れたチームワークを発揮するためにも集団への親愛の情や忠誠心は重要な要素です。

チームワークの心理的側面に関しては、多様な要素が指摘される段階に留まっています。しかし、チームワーク行動の大きな二つの要因の中の一つが「チームの円満な人間関係を維持する行動」であることを考えても、メンバーの感情や判断、チームの雰囲気、チーム活動への動機づけや自我関与の強さなど心理的な要素は、チームワークとは何かを考えるときに必要不可欠の要素であることは間違いないでしょう。

チームワークの概念定義

これまで紹介してきたように、チームワークがどのような要素で構成されるのかという議論は多様に存在します。それゆえ概念を定義しようとすると非常に多くの要素を考慮しなければならず、まとまりのある確定したチームワークの定義は未だにないといわざるをえません。しかし、チームワークが何を指す概念なのかはっきりしないまま議論を進めていっても、基礎工事のなされていない建物のような不安定なものになってしまいます。

そこで、従来の研究で指摘されていることがらを整理して、包括的に以下のようにチームワークを定義することにします。すなわち、「チームワークとは、チーム全体の目標達成に必要な協働作業を支え、促進するためにメンバー間で交わされる対人的相互作用であり、その行動の基盤となる心理的変数も含む概念である」ということにして、先に進むことにします。

行動・心理の両側面を包括する統合的なチームワーク・モデル

多くの研究者が、チームワークを、それを構成する要素で説明することに取り組んできました。しかしながら、チームワークの構成要素は複雑に組み合わさることで要素間の相互作用が起こります。この相互作用は、個々の要素やメンバーの特性単独ではもともと見られなかった新たな特性を生み出すことがあります。その新たに生まれる特性をも加えながら、チームの全体的な特性としてでき

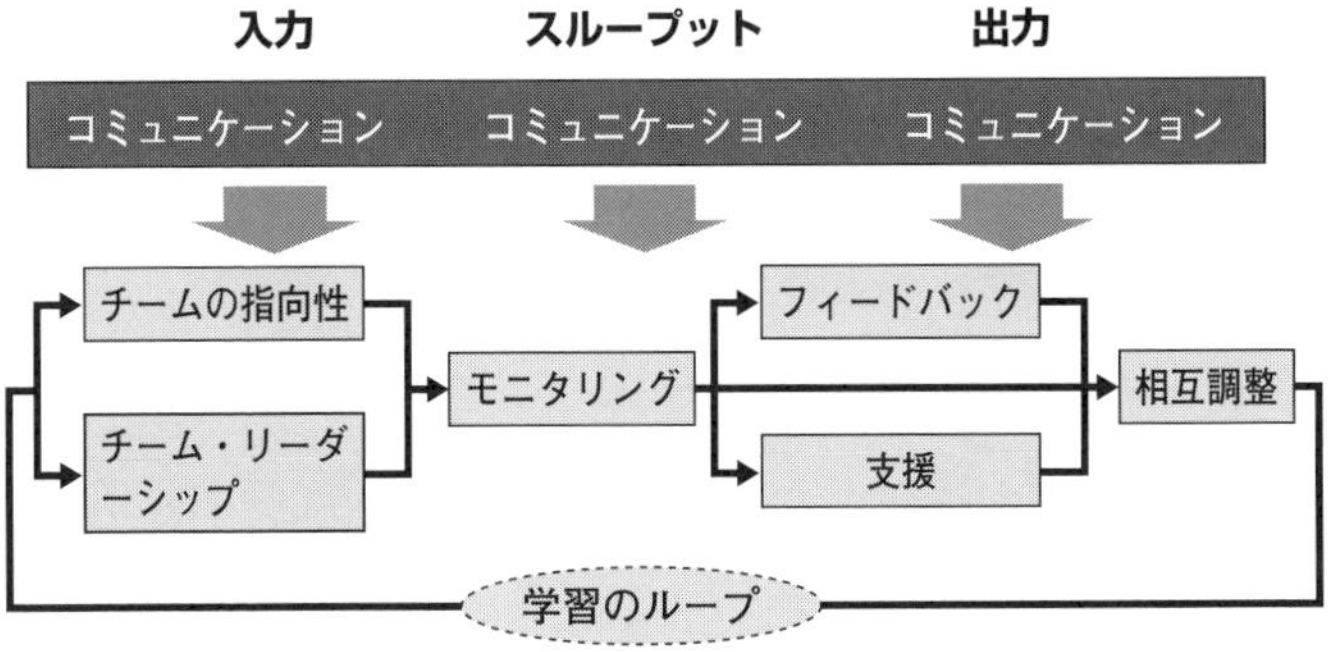

図6　チームワークの概念図（ディッキンソンとマッキンタイア，1997より）

あがってくるものがチームワークだといえるでしょう。

チームワークの要素が、どのように関連しながら全体的なまとまりを形作るようになるのか、いわば、チームワークの形成メカニズムに論及したモデルとして、ディッキンソンとマッキンタイア（一九九七）が提示したチームワーク・モデルがあげられます。図6に示すように、彼らは、チームワークの構成要素を整理したうえで、それらがどのように関連しながらチームワークとして機能するのかを示しています。

チームの指向性とは、チーム内の良好な人間関係を維持し、目標達成を目指す意気込みや態度であり、メンバーが共有するメンタルモデルと呼ぶのにふさわしいものです。チーム・リーダーシップは、チームの中でリーダーの役割をとる人が、メンバー間の相互作用をはじめとして、チームで活動する過程において目標達成を促進するように働きかける影響力です。コミュニケーションは、連絡、報告、相談や話しあいのように、情報を伝達しあう行動です。他のチームワークの要素を結びつける働きをして、チームワークのプロセス全体を支える基盤となります。

モニタリング、フィードバック、支援、相互調整の四つのプロセスは、総称してチーム・プロセスと呼ばれます。実際にチームで課題遂行する過程でメンバーがとるチームワーク行動です。モニタリングとは、メンバーが、他のメンバーの行動や課題遂行状況を確認したり、チーム全体の現状を確認したりする行為を指します。たとえば、他のメンバーは目標通りに作業を進めているか、一部のメンバーに過剰な負担が生じていないか、チーム全体の調子はどうか、など状態を把握する行為です。ここで、正確な現状把握がなされないと、次のステップであるフィードバックや支援も的はずれなものになる危険性がありますから、このモニタリングは重要です。フィードバックとは、モニタリングで把握したことがらを他のメンバーに伝えたり、問題があればいかにして解決すべきか情報や提案を交換したりする行動です。また支援とは、モニタリングの結果、進捗《しんちょく》のはかばかしくないメンバーや、過剰に負担がかかっているメンバーを見つけたら、その作業を手助けする行動を指します。そして、相互調整とは、フィードバックや支援を行う結果、各メンバーがとるべき行動や役割に一定の変化が生じるので、その変化がチームワークに悪影響を及ぼさないように、互いの行動を調整しあうことを意味しています。メンバー各自のチームワーク行動が、チーム全体の成果により良く結びつくように、締めくくりのステップとして、この相互調整は重要です。

このモデルの優れている点は、行動的側面と心理的側面をどちらもモデルの中に包括的に取り入れたことと、チームワークの構成要素間の連関性を示しながらチームワークがその集団で学習されていく過程を示しているところにあります。現状では最もよく整理されたモデルだといえます。本書でも、このモデルを基盤におきながら議論を進めていくことにします。

●チームワークを研究する際の留意点

集団錯誤の落とし穴に注意

チームワークとは何かと考えるとき、「たとえるなら、チームの心といえるもの」という表現をしてしまいたくなります。心理学の黎明《れいめい》期に活躍した社会学者や心理学者も、集団にも心がある、あるいは心に匹敵するものがあると考えていました。たとえば、近代心理学の父と称されるヴント（一九二二）は、集団や集合である民族が心を持つとして「民族心（völkerpsychologie）」という概念を提示していますし、近代社会学の先導者であるデュルケム（一八九七）も「集合表象（représentation collectives）」という概念を提示して、集団や社会に共有された心性の存在を論じています。また、マクドゥーガル（一九二〇）は「集団心（group mind）」の存在を主張して、その名を冠した著書を上梓《じょうし》しています。実証科学を標榜して隆盛に向かっていた社会学や心理学の領域で、極めて強い影響力を持つ研究者たちがこのような論を展開していたことから、二十世紀はじめのころ、集団や集合、社会にも心性が存在することを前提とする研究や議論は社会心理学の主流を占めていたことがわかります。

このような流れに対して、真っ向から異議を唱えたのが、F・H・オルポート（一九二四）です。彼は、実証科学としての心理学の立場から、心を持つのは個人だけであり、集団や集合に心性を想定するのは間違いであると主張して、集団心のようなとらえ方を「集団錯誤（group fallacy）」であると批判しました。

心理学は、人間の心のありようについて様々な角度から論じるだけでなく、その主張の正しさを客観的な証拠を添えて証明していく科学的なアプローチをとる学問です。とすれば、集団心についても、それがどのようなものであるかを論じたあとは、その主張が正しいという証拠を提示しなければなりません。集団心の特性に関する証拠を得ようとするならば、どのようにすれば良いでしょうか。たとえば、集団の仕事に取り組む雰囲気を知ろうとすれば、結局のところ、メンバー個人に意見や感想を尋ねたり、質問紙に回答してもらったりして、それを集計して分析するしかありません。集団心を直接とらえて客観的に測定することは極めて困難です。このことから、オルポートは集団心の考え方は錯誤であって、心を持つのは個人でしかないと指摘したのです。

確かに、チームカラーや社風のように、集団にも心理的な特性を想定した概念はあります。むしろ、われわれの日常生活には深く根づいているとさえ思えます。かつてヴントやデュルケムらが、集団や社会に心性を認めたのも、このような実感に基づいていたからかもしれません。集団に心があると想定することは、普段の生活の中でのたとえ話としてはあっても良いことでしょう。しかし、心理学では、心を持つのは個人だけであることを明瞭に認識しておくべきです。チームワークを研究するときも、集団錯誤に陥らないように気をつけなければなりません。

心理的「場」とマイクロ・マクロ・ダイナミズム

集団錯誤の批判を全面的に受け入れるとすれば、心の科学である心理学は個人のみを対象とする学問ということになってしまいます。それでは集団や集合、社会で発生する現象を人間の心理と関連づけて研究することも非常に難しい相談になります。事実、集団錯誤の指摘のあと、心理学の研究は、個人の心理メカニズムを緻密に検討する流れに大きく傾きました。しかし、人間の心理は高機能すぎて基礎的な心理メカニズムを確認するのが困難であるため、動物を対象とする実験を行う研究が主流になっていきました。

集団錯誤は確かに的を射た指摘ですが、それが動物実験中心の研究の隆盛を招いたことは、多くの研究者にとって違和感を覚えるものでした。人間の心理を研究するはずの取組みが、実際にはネズミ、イヌ、ハトやチンパンジーを対象にした実験に支えられている現実に素朴に物足りなさを感じたのです。

物理学の位相力学（トポロギー）を学修したのち、ゲシュタルト心理学の研究に取り組んだレヴィンもその一人でした。位相力学とは、磁力によって構成される磁場の研究を行う学問です。もともと位相力学の素養のあったレヴィンにすれば、磁石が磁力を帯びるように、人間も影響力を帯びていて互いに影響を及ぼし及ぼされる存在に見えたのかもしれません。複数の磁石を机の上に並べると、磁石どうしの間に磁場が形成されます。人間も複数が集まると互いに影響を及ぼしあって心理的な「場」を形成する、とレヴィンは考え、「場」の理論を提唱しました（レヴィン 一九五一）。そのイメージを描くと、図7のよう

図7　心理的「場」のイメージ図

メンバーは知らず知らずのうちに互いに影響を及ぼしあって心理的な場を形成する。

に表すことができると思います。レヴィンは、集団の「場」としての特性が、個人の心理や行動にどのように影響するか、人間を対象にした実験研究を精力的に展開しました。「場」の理論をベースとするレヴィンの集団力学（グループ・ダイナミックス）の研究アプローチは、それまでの動物実験中心の研究から、人間の心理と行動を直接の対象とする研究の隆盛へとブレークスルーをもたらしました。

個人の心理や行動は、他の個人のそれと互いに影響しあって、その場の雰囲気や気配、あるいは規範や文化と呼ばれるような、その集団に固有の「場」の特性を醸し出します。日本ではよく「空気を読む」と表現しますし、アメリカでは「チームのケミストリー（化学反応）」と表現する場合もあるようです。そして、この「場」の特性は、個人の心理と行動に影響を及ぼします。個人の心理と行動というマイクロ・レベルの要素と、集団の心理的「場」というマクロ・レベルの要素は、互いに影響を及ぼしあいながら、ダイナミックに変動していくものです。

チームや集団、組織や社会などのマクロな存在そのものが心を持つことはありません。ただ、それに所属するメンバーの持っている心が影響しあって、チームの凝集性やチームワークのようなマクロ・レベルの特性を作り上げています。マイクロとマクロのダイナミズムを視野に入れつつアプローチすることで、社会心理学は発展する道を切り開いたのです。

複雑系の視点

マクロ・レベルの要素の特性を明らかにするとき、従来の自然科学的なアプローチでは、できるだけ細密なレベルの要素に分解していきます。複雑に構成されているものごとでも、それを構成する要素に分解していけば、すべて理解できるはずだと考えるのです。このような考え方は、還元主義と呼ばれます。

たとえば、病気にかかった人の体を見て、その病気の原因を探るとき、健全に機能している部位と病巣部位を区別し、病巣部位については細胞レベルまで分析し、場合によっては、さらに細かい細胞の中の細胞壁や核に原因を求めます。近年では、細胞核内のＤＮＡのレベルまで遡《さかのぼ》って病気の原因を究明しています。野口英世があれほどの偉業を残しながらも、医学研究の観点からは必ずしも高く評価されなかったのは、ウイルスが引き起こす黄熱病の原因をスピロヘータのような黴菌《ばいきん》に求めたことでした。ただ、野口英世が黄熱病と闘っていた時代、黴菌よりもさらに微細なウイルスの存在を発見可能にする顕微鏡は存在しなかったのです。もし、野口英世にウイルスをも検出する高性能の顕微鏡が与えられていたなら、と思わずにいられません。

より緻密なレベルの要素に分解していくことで、一つの病気の真の原因が究明できるようになることは、強烈なリアリティを伴って、科学研究に取り組む者たちに還元主義の信念を形作っていったようです。物質の性質を、粒子から分子、原子、素粒子、クォークへと細分化して検討する流れや、遺伝学におけるＤＮＡ解読の取組みの飛躍的発展などは、このような還元主義的アプローチの力強さを物語っています。

しかしながら、複雑に構成された物事の特性は、それを構成する要素に分解するアプローチだけで本当に理解できるものでしょうか。十七世紀に活躍し、最初に還元主義を提唱したフランスの哲学者デカルトは、要素に分解した後で全体に統合するところまでを視野に入れて議論しています。しかし、科学の分野で行われてきた還元主義的アプローチは分解には熱心でも、全体へと統合する過程には必ずしも熱心ではなかったといえます。理由は単純で、それが非常に難しいからに他なりません。複雑に構成されている人間という生命体を、構成要素に分解していくことはできたとしても、その要素を組み合わせ統合して生命体を再構成することは生やさしいことではありません。

アリストテレスは「全体とは部分の総和以上の何かである」と述べています。人間の場合、その「何か」とは生命であるといえます。いくら人体の要素を完璧に揃えてみても、単に組み立てるだけでは生命が宿るとは限りません。構成する要素どうしが相互作用して、一つひとつの要素には還元できない全体的な特性である生命を生み出さなければ、人体は物体のままで人間にはなりえません。

全体は、様々な要素が複雑に相互作用することで構成されているので、複雑系と呼ばれます。生命体や気象、社会などは複雑系の代表選手です。チームも複雑系だといえます。チームで活動する過程において、個々のメンバーには備わっていない特性が全体の特性として生み出されるときがあります。この現象を「創発（emergence）」と呼びます。アリストテレスが「何か」と呼んだものは、現在では創発性と呼ばれるものだといえます。たとえば、チームで新しい商品の販売促進策を議論しているうちに、もともとメンバー個々の頭の中にはなかったアイディアが生み出されることがあります。この新しいアイディアは、それがもともと存在しなかった個々のメンバーの思考へと還元することはできません。議論する過程で創発された特性なのです。

チームワークもメンバー個人のレベルに還元できない全体性の特性をふんだんに備えており、複雑系であるととらえることができます。チームワークの構成要素を明確にする一方で、それを組み合わせて統合することで生まれてくる全体的な特性に注目していく必要があります。

2・チームワークを可視化する
――測定への挑戦

●なぜ測定を重視するのか

チームを取り巻く様々な条件の違いによって、そこに生まれてくるチームワークには、どのような違いが見られるのでしょうか。また、チームワークの特性の違いは、チームのパフォーマンスや創造的問題解決にどのような影響を与えるのでしょうか。このような疑問に対する答えを、誰にでもわかってもらえるような形で提示しようとするならば、客観的で具体的な測定値を示すことが一番効果的です。たとえば、チームワークの要素ごとに、それが備わっている程度を測定して得点化し、図8のような放射グラフにすれば、一言にチームワークといっても、様々な状態のものが存在することを示すことができます。チームによってチームワークにどのような違いがあるのかを「目に見える」形で把握すること

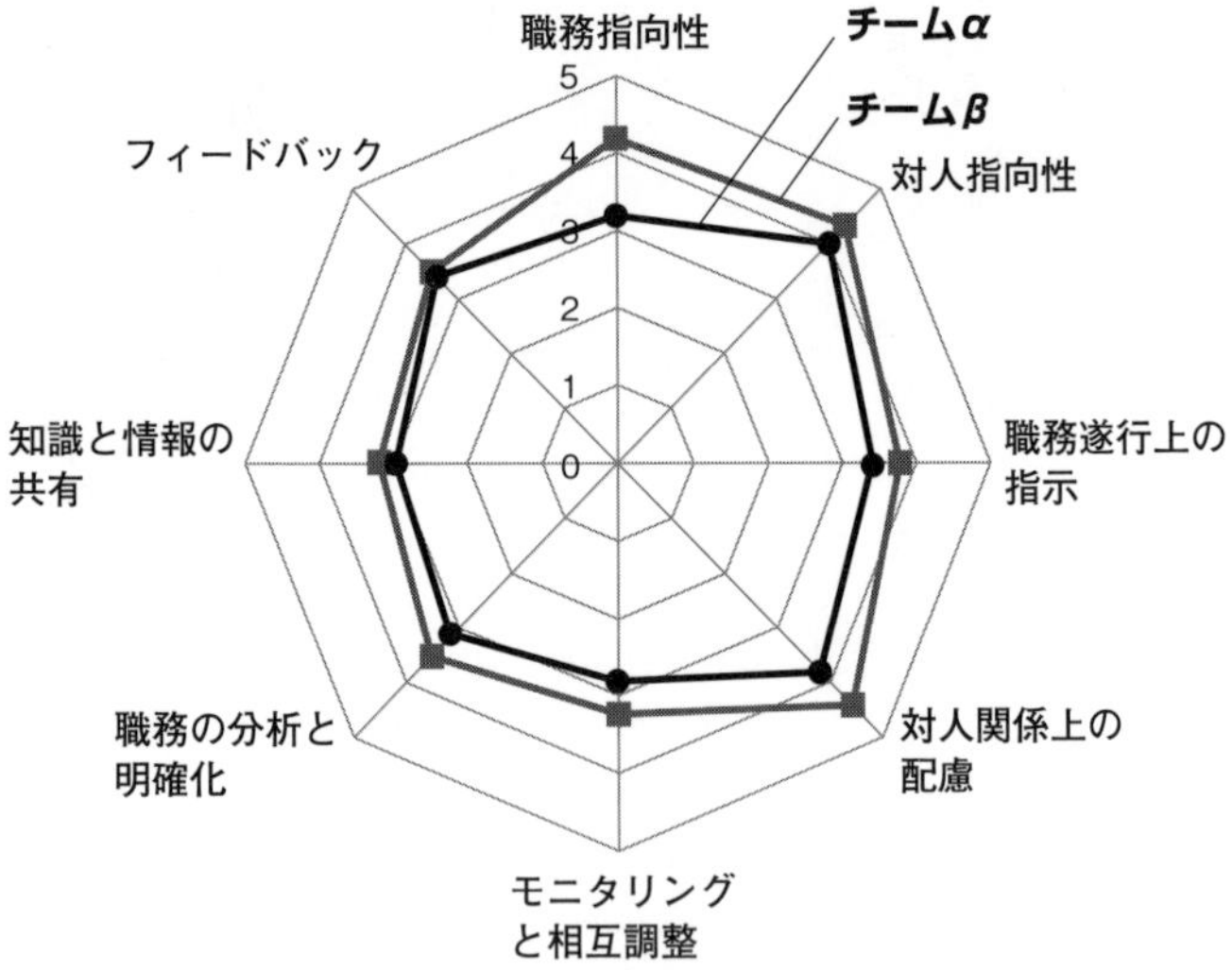

図８　チームワーク測定の放射グラフの例

が可能になります。

チームごとのチームワークの特性の違いについて、いくら自分の感じたことを言葉で表現してみても、聞き手にしてみれば「それはあなたの主観でしょう」ということになってしまって、科学的にはいま一つ説得力に欠けます。しかし、図8のようなグラフで説明されると違いを納得できます。チームワーク研究は、基礎的な研究を積み重ねていくとともに、優れたチームワーク育成の方法について検討していくことも目指しています。一つひとつの取組みがチームワークにいかなる影響をもたらすのかを、感想や印象といった観察者の主観だけでなく、客観的な測定データで裏づける取組みは、エビデンス・ベースト（証拠に基づく）アプローチとして、研究者はもちろん実務家の世界でも重視され、強く意識されるようになっています。

もとより社会心理学は科学ですから、「論より証拠」の姿勢を重視します。証拠という以上、いい加減な測定では意味がありません。的確で信頼性の高い測定を行うことが大事です。ただし、これはいうのは簡単ですが、実践するのには様々な努力と工夫が必要になってきます。

●見えるチームワーク、見えないチームワーク

第1章で、チームワークは、「チームワークの行動的要素（以下、チームワーク行動）」と「チームワークの心理的要素」に大別されることを説明しました。測定のことを考えるとき、この二つの要素には大きな違いがあります。

チームワーク行動は観察することで直接的に測定することが可能です。いわば「見えるチームワーク」です。チームワーク行動に該当するものをあらかじめ選定しておき、それらのチームワーク行動がとられているか否か、とられていれば、その頻度や正確さはどのくらいなのか、丁寧に観察することで測定できます。

それに対して、チームワークの心理的要素のほうは、観察するだけでは測定することは困難です。チームで活動している過程において、メンバーが何を考え、感じて、行動しているのか、外から観察しているだけでは分からないので、推測するしかありません。すなわち、チームワークの心理的要素は、「見えないチームワーク」といえます。チームワークは多くの見えない要素によって構成されています。しかもチームワーク行動の背後で働いている心理もあれば、チームワーク行動の結果、影響を受けて変化する心理もあります。

見えるチームワークと見えないチームワークは密接に相互作用しながらチームワーク全体を形作っています。この相互作用の様相も測定によって明らかにしたい対象です。

心理学は、心の動きという見えないものを何とか客観的に把握する闘いを続けてきました。チームワークを測定する取組みは、チームワークの可視化への挑戦であるといえます。この挑戦の道のりは長く、現在はまだその途上にありますが、優れた研究も数多く報告されています。本章では、これらの研究成果について整理しながら紹介していきます。

●チームワーク行動の測定

チームワークをテーマに取り上げた研究の多くは、チーム・パフォーマンスの優劣に影響を及ぼす変数を明らかにすることを目指して行われたものが大半を占めています。そこでは特定の職務領域で活動するチームを対象として検討が行われています。たとえば、航空機の操縦士チーム（エア・クルー）や航空管制チーム、発電所のプラント運転チーム、医療現場の手術チーム、あるいは、軍隊の作戦実行チームなどです。そのような特定のミッションを持つチームでは、必要になるチームワーク行動があらかじめ想定されています。その想定されるチームワーク行動の中から、大事なものを具体的に選定しておいて、その行動がとられるか否かを観察することによって把握できます。しかも、それぞれの行動がどのようなチームワーク機能を果たすものであるのか、チーム・パフォーマンスとの関連はどのようなものであるのかを検討することで一般性の高いチームワーク行動指標の構築へとつなげていくことも期待できます。

空軍戦闘機チームにおけるチームワーク行動

ディッキンソンとマッキンタイア（一九九二）は、多くの研究を参考にして、チームワークの構成要素を分類しました。第1章で紹介した図6のモデルは、その分類に基づいて構成されたものです。彼らは、この構成要素を基本単位としてチームワークを測定できるかどうか、実際にアメリカ空軍の戦闘機チームを対象にして研究を行いました。対象となった空軍の戦闘機チームは対空戦（Anti-Air Warfare : AAW）チームと呼ばれ、所属する艦隊を、敵の攻撃から防衛するミッションに従事するチームです。

彼らは最初に、ＡＡＷチーム活動の専門家たちに、具体的にどのような行動をとることがチームワークを発揮することなのか、という観点から見解を述べてもらうクリティカル・インシデント・ワークショップを開催しました。このとき、チームワークの構成要素ごとに焦点を絞って、整理しながら見解を述べてもらっています。そこで集められた見解を分析して、チームワークの創出に効果的なクリティカル・インシデントを選別します。そして、それらを、誰（どのような立場のメンバー）が、どのような状況のもとで、いかなる行動をとり、どのような結果をもたらしたのか、というフォーマットに整えて記述して、表1のようなチームワーク行動ステートメント（具体的なチームワーク行動の事例文章）を作成しました。たくさんのチームワーク行動ステートメントが作成されましたが、それをもう一度AAWチームの専門家たちに読んでもらい、あいまいな表現があれば、より明確な記述に修正しました。さらに、それらのステートメントが描いている内容は、分類されているチームワーク要素と一致しているかどうかを評定させて、具体的でリアリティのあるチームワーク行動ステートメントになるよう精緻化をはかりました。

次に、AAWチームの訓練の機会を利用して、その訓練を指導するインストラクターたちに、訓練チームの評価を求めました。その際、訓練中にステートメントに記載された行動が発生した頻度、チームおよびメンバーが示すチームワークの高さを、図9に示すような五段階で評定をしてもらいました。さらに、チームワーク行動発生の重要な契機となる事象についても記録してもらいました。

この評定の結果については、同じ訓練を観察した評定者（インストラクター）たちの間で、評定が一致しているか、あるチームワークの構成要素に関する評定は、ステートメン

表１　ＡＡＷチームにおけるチームワーク行動ステートメントの例

チームワークの要素	行動ステートメント
チームの指向性	チームの目標を最優先する チーム活動のあらゆる側面に意欲的に参加する
チーム・リーダーシップ	任務の遂行中に他のメンバーから求められたことに的確に答える 他のメンバーが関心を持っていることに真剣に耳を傾ける
コミュニケーション	報告を行う前に情報が真実であることを確認する 確実に理解するためにメッセージを確認し復唱する
モニタリング	他のメンバーがあげている成果についてよく知っている 他のメンバーがいつ成果をあげたか正確に認識している
フィードバック	達成した成果の情報について他のメンバーが尋ねてきたら答える 他のメンバーから時間節約の提案があったら受け入れる
支援行動	業務課題を遂行しきれないメンバーがいたら一時的にその代わりを務める 他のメンバーが間違いを修正するのを手伝う
相互調整	成果をあげることにつながる情報を効率的な方法で他のメンバーに伝える 他のメンバーが職務の成果をあげるのを促進する

ほとんど生じない　　ときどき生じた　　ほとんどいつも生じた

1　　2　　3　　4　　5

当てはまらないときは“N/A”と記入してください

下記の行動はどのくらい観察されたか，上の基準で評価してください。

評価

A：[　　] 特に求められた時には，必要とする者に支援を提供する。
B：[　　] 必要な時には，一人でもがくより援助を求める。
C：[　　] 他のメンバーが困っていたら，求められなくても援助する。
D：[　　] 援助している最中は自分自身の職務上の義務は顧みない。
E：[　　] 求められたときでさえ他のメンバーを支援しない。
F：[　　] 支援を受けた者が，何が行われたのか確実に気づくようにする。

コメント記入欄

図9　チームワーク行動発生頻度の評価尺度（ディッキンソンら，1992）

トが異なっても評定者の中で一貫しているか、といった観点から信頼性がチェックされています。また、測定内容がチームワークを的確にとらえているか、という観点から、評定者や評定を受ける人たちからの意見も確認して、測定の妥当性も検証しています。

このような綿密な工程を経て開発された測定尺度は、信頼性・妥当性ともに高く、チームワーク行動を客観的に把握する有効なツールであることが確認されています。しかし、悩ましいのは、この測定尺度を他業種のチーム、たとえば、医療チームや行政サービスのチームを対象にしてそのまま使うわけにはいかないところです。AAWのチームワーク行動ステートメントに記述されていることがらは、AAWチームの活動に特定的な事象です。その特定的な事象を、医療チームや行政サービスのチームに置き換えてみると、どのような行動になるのか、よく検討して、各業種に対応したリアリティの高いステートメントに修正する必要があります。もちろん、同じ手順で最初から開発することが一番良いのですが、相当に時間と労力を必要とする点は、この測定尺度の弱点です。また、評定者自身も評定のトレーニングを受けなければ、一貫性を持った信頼できる測定をするのは難しい点についても配慮が必要です。

なお、この測定研究が報告されたとき、行動面の測定は確かだが、その背後で働いている心理的な要素をとらえていないという批判がなされました。ディッキンソンらも、その点に気づいて、チームワークの心理的要素の重要性に言及しています。結果的に、この研究は、チームワークの心理的側面を実証的にとらえることの重要性を研究者たちに気づかせることになりました。このことは、この研究の副産物だといえます。また、彼らの取組みは、測定したデータをどのように分析すると良いのか、という分析手法を検討することの重要性を考えさせました。単に、平均値や標準偏差だけでなく、チーム内の行動の一致度を指標に採用したり、チームごとの特性を計算に入れて分析を行う階層線形モデリング（HLM：Hierarchical Linear Modeling）の分析手法を採用する必要性の認識を高めた点でも、ディッキンソンらの取組みは貢献度の高い研究だといえるでしょう。

原子力発電所運転チームのチームワーク行動

わが国においてもチームワーク行動を測定する取組みは行われています。佐相ら（二〇〇六）が、電力発電所のプラント運転チームを対象に試みている測定は、緊急事態におけるチームワーク行動を扱っている点で大変興味深いものです。

電力発電所の運転チームは四人から五人で構成されることが多く、班長をリーダーに各メンバーに役割が与えられています。発電所には、ファミリーと呼ばれる運転員の集団があって、このファミリーの中からプラント運転チームのメンバーが選ばれて、チームごとに交替で任務につきます。プラント運転チームの業務は、計器などの確認作業が主体で、普段は決められたとおりのことを確実に実行することがミッションです。いわばルーチンワークが主体のチームといえます。

しかし、ミッションはそれだけではありません。突然の地震や落雷によって緊急の異常事態が発生した場合には、チーム全体で的確な対処をとることが求められます。原子力発電所は、何重にも保安システムが作動していますが、万が一にも放射能漏れを起こすような事態になってはいけないので、緊急事態への対処は極めて緊張を伴うチーム活動の場面です。このような緊急事態への対処については、きちんとマニュアルが作成されていて、対処行動もその手順も明示されています。その手順には、チーム内でメンバーが互いに連携してチームワーク行動をとることも含まれています。問題は、緊急事態において、マニュアルに示されているとおりに的確にチームで対処行動をとることができるかどうかです。

電力会社は、訓練施設に発電装置の運転シミュレータを準備して、運転操作の基本から緊急時のチームによる対処行動まで、トレーニングを行っています。緊急事態へのチーム対処の訓練では、平常どおりの運転の訓練を行っている状態から、前触れなしに突然、落雷によって送電がとまり、原子炉の運転にも異常が発生するというシナリオが準備されて

表2 原子力発電所運転チームの緊急事態対処トレーニングで準備されているシナリオの一例（佐相ら，2006 より）

事象	場面・状況	シナリオの概要
周波数変動	発雷による系統周波電圧変動 ↓	雷発生に伴い，送電線系統が一時的に不安定になり，系統周波数，発電機電圧が変動するが，プラント状態への影響はほとんど発生しない。
	系統周波数変動増大 ↓	更に系統周波数の変動が増大し，タービンバイパス弁が開閉し，炉圧，炉水位，電気出力等が変動するが，不安定ながらプラントはトリップにいたらず，系統周波数の変動のおさまりとともに，プラント状態も収束に向かう。
PLRポンプ一台トリップ	PLR 1台トリップ直後 ↓	PLR M/G セットAがロックアウトリレーで動作，PLRポンプAトリップにより炉心流量低下，原子炉圧力，発電機出力も低下する。
	トリップ後の事象安定 ↓	プラント状態が一時的に不安定になるが，手順書に従った対応操作を行いながら，トランジェントの状態を収束させる。
逃がし安全弁開固着	SR弁漏洩警報発報 ↓	地震が発生後，SRV（B）弁漏洩が始まり「逃がし安全弁漏洩」警報が発生，排気温度が上昇する。このとき格納容器内漏洩小も同時発生する。
	SR弁手動開閉前後 ↓	SRV弁漏洩の対応として，SRVの開閉操作を実施するが，格納容器圧力は上昇，トーラスのレベルもゆっくり上昇を続ける。
	原子炉手動スクラム直前 ↓	地震後発生していた格納容器圧力上昇は止まらず，「D/W圧力高」の警報発生，原子炉手動スクラム基準値に達し原子炉手動スクラムを判断させる。
	原子炉手動スクラム直後 ↓	原子炉手動スクラム後，原子炉スクラム状況の確認，タービントリップなどのスクラム基本対応を実施し，プラント状態の安定を確認する。
	原子炉手動スクラム後の事象安定	プラント停止後も格納容器内の漏洩が継続しているため，プラント状況を確認しながら原子炉冷却操作などの対応を行い，原子炉を冷温停止に移行させる。

います（表2参照）。シナリオは、運転経験豊富なベテランのインストラクターによって作成されていて、シナリオの展開にあわせて、どのように対処するのが適切なのか、しかるべき対処プロセスが詳細に決められています。いわば正解があるわけです。チームによる緊急事態対処の様子は、訓練室の上部に設置された観察室の窓から、三人のインストラクターが観察して評価をします。佐相らは、インストラクターが評価する項目の中に、チームワーク行動の評価項目を加えた測定用紙を作成して、チームワーク行動の測定を試みています。

まず、シナリオに沿って、チームワーク行動が必要、あるいは期待される場面をピックアップします。そして、それぞれの場面において、期待されるチームワーク行動がどの程度実行されているかを観察し評価するチェックリストを準備します。三人のインストラクターは、それぞれチェックすべき場面で、チームワーク行動がどのくらいのレベルで達成されたのかを五段階で評定します。具体的には次のようなものです。

五点　理想的・模範的な行動である。
四点　優れているが、理想的・模範的行動には改善の余地がある。
三点　チームとして必要最低限を越えることは行えているが、理想的・模範的行動には多くの改善が必要である。

二点　チームとして必要最低限のことは行えている。
一点　チームとして機能しているとはいえない。

評定された結果について、一緒に同じ運転チームの様子を観察した三人のインストラクターの減点の仕方にばらつきがないかチェックしたところ、評定は概ね一致しており、観察によるチームワーク行動の評価測定尺度として信頼性の高いものであるといえるようです。ただし、チェック項目が多岐にわたり、かなりの経験を積んだ観察眼のあるインストラクターでないと、正確な測定が難しいことが懸念されています。佐相らは、評定する行動をより具体的に詳細に規定して測定のチェックリストを作成する必要性を指摘しており、現在も改善の取組みが続いています。

チームワーク行動測定研究の成果と今後の課題

ディッキンソンらの測定も佐相らの測定もチームワーク行動とはいかなるものなのか、その性質の側面でとらえていることがらは一致しています。佐相ら（二〇〇六）は、具体的なチームワークを表3のように整理しています。もちろん、チームの特性、ミッション、業務内容によって、具体的な行動はそれぞれに異なってきますが、チームワーク行動を測定するときのターゲットを定めるときに、これらの視点は有効なもので

表3　具体的なチームワーク行動の分類（佐相ら，2006より）

メインカテゴリー	サブカテゴリー	具体的行動例
方向づけ	目標目的共有	現況に応じた方針・対応が明確に理解されている。
	状況共有	現況についての全員への周知が行われている。
	情報授受	報告が明確で，報告の重複を避けるなど，報告受者の認識向上に配慮している。
意思決定	議論	原因追求，方針決定等の場面で，偏見，先入観なく，チームとしての議論，決定が行われている。
	主張	安全上，重要な事案が生じた場合，自らの意見，見解などを明確に表現できる。
	受容	誤りがあったり，よりよいアイデアが示された場合，それが誰からのものであろうと，以前の決定に縛られず，最善のものに置き換えられる。
	促進	速やかな意思決定のために，議論が進められ，また必要な議論の末，意思決定が速やかに行われる。
権限と責任	権限委譲・指揮命令	タスク遂行の権限が委譲され，明確な指揮命令系統で遂行される。
	責任遂行	与えられたタスクについて，主体的に行動しつつ，経過を報告したり，結果をレビューする。
	主体的行動・判断	与えられたタスクでなくても自らの認識で必要と判断されることを主体的に行っている。
ワークロード管理	ストレス管理	一方的な指示ではなく，相手の行動，能力を踏まえながら，指示がだされている。
	タスク管理	適材適所に人員が配置されるとともに，タスクが偏った場合の人の派遣や，タスクの優先順位の変更などが，柔軟に行われている。

あり、これまでの研究の成果として貢献は大きいと思われます。

その一方で、測定の方法は厳密さを追求するために、気楽に採用できるものとはとてもいえません。正しく観察して評定するためには、チームの活動に精通した人が評定しなければなりませんし、しかも一人ではなく複数の評定者の協力を必要とします。評定の対象となる行動が多岐にわたりますし、その評定基準も詳細に規定されています。評定者がある程度の評定の練習を積んでからでないと、的確な評定は難しいかもしれません。

このような問題点を克服しようとして、ドワイヤーら（一九九七）がＴＡＲＧＥＴｓ法と名づけた測定方法を考案しています。それはルーチンのタスクと非ルーチンのタスクを区別して、チーム活動が進むにつれて出現する事象を大まかな順序に並べてチェックリスト化しておきます。そして、その事象の中でチームワーク行動がとられたか否かをチェックするという測定方法です。チーム活動に精通していない人でも評定できることは利点でしたが、チームワーク行動の表れ方には程度の差があって、単に行動がとられていたか否かだけをチェックするだけでは不十分だという反省も報告されています。

評定の対象となるターゲットの中でも、チームワークの特徴を把握するうえで重要度の高いものを選別して、簡潔ではあっても核心をついた評定項目へと精緻化することが今後の課題といえるでしょう。また、チーム活動に精通していない人でもしっかり観察さえしていれば評定できるようなチームワーク行動の表れ方の程度を評定できる尺度の工夫も必要だと思われます。チームワーク行動は、目に見える形で表れるチームワークですから、ビデオで撮影しておいて、あとから繰返し分析したり、あるいは具体的事例として提示したりすることもできる点で貴重です。今後のさらなる開発の工夫が期待されています。

●チームワークの心理的要素の測定

共有メンタルモデルに基づくアプローチ

チームワーク研究は、行動に注目する研究が先行していましたが、一九九〇年代に入ると、チームのメンバーが共有している知識や態度など、行動以外の認知的要素に関心が集まり始めました。そのきっかけとなったのが、キャノン=ボワーズら（一九九三）が指摘した、チームにおける「共有メンタルモデル」の概念です。彼女らは、優れた業績をあげているチームを観察し、メンバーどうしが流動的に暗黙のうちに互いの仕事を調整していることに気づきました。そしてそれが可能なのは、メンバーがチームで課題を遂行することに関連して抱いているメンタルモデルが共有されているからだと考えました。チームワークの心理的要素の中核として、共有メンタルモデルの概念は関心を集めました。第1

章で紹介した「チーム・メンタルモデル」も、同じような発想でクリモスキーとモハメド（一九九四）が提示した概念です。

集団錯誤の落とし穴が気になるところですが、メンタルモデルを保持しているのはあくまで個人ですから、その点は大丈夫です。問題は「共有」が意味するところです。共有の意味する状態はいくつかありますが、多くの場合、一つのものをみんなで分けあっている状態を指します。ここで、一つのものとしてチーム・レベルのメンタルモデルを想定することは、心理学的には不適切です。共有メンタルモデルの場合は、メンバー個々が持っているチーム活動に関するメンタルモデルが類似していて、共通する部分が存在する、という意味で共有しているととらえることが適切です。

共有メンタルモデルの測定の試み

クレイガーら（一九九三）は、次のような四つの視点に基づいて共有メンタルモデルの測定を試みています（図10参照）。

第一の視点である「情報処理」に関連するチーム・スキーマとは、チームで課題を遂行する過程でメンバーが出会う様々なできごとに対して、適切な対処の仕方についての考え方の基本的枠組みを指しています。様々な知識をチーム活動で的確に生かす方法について

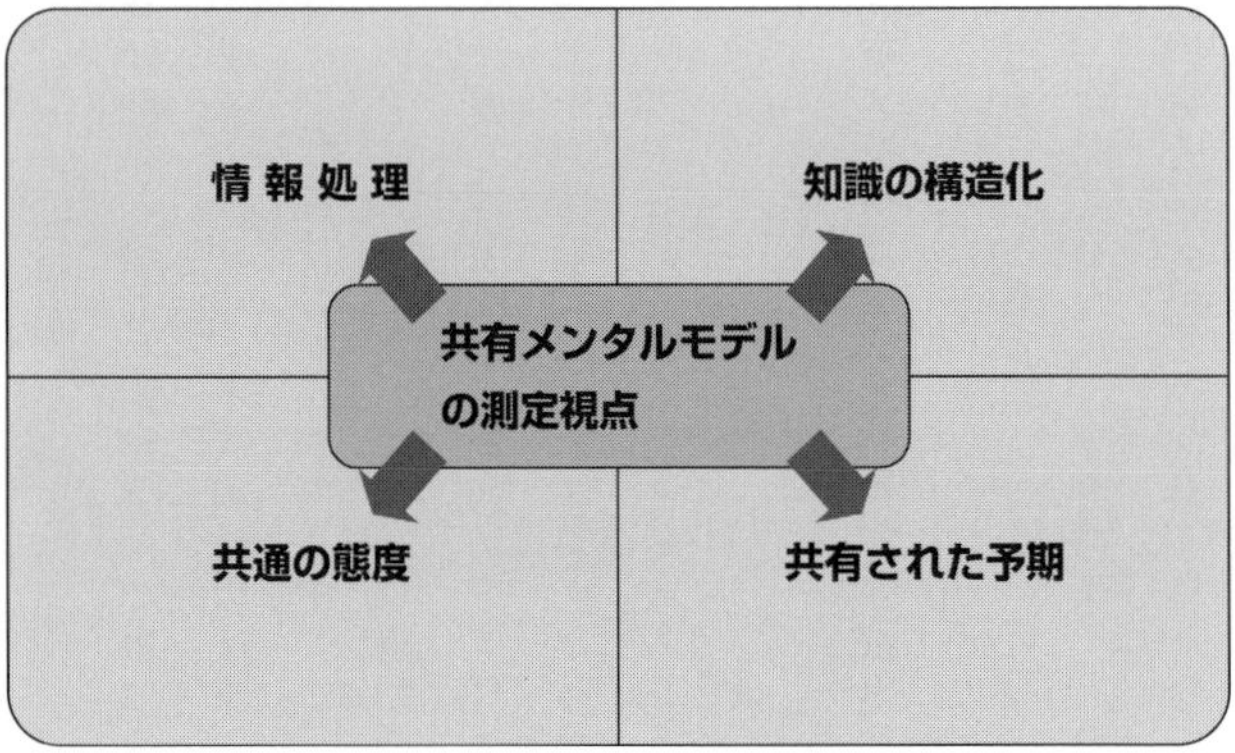

図10　共有メンタルモデル測定の４つの視点
（クレイガーとウェンツェル，1997 より）

の知識といえるでしょう。このチーム・スキーマを測定するために、彼らは、レンツら（一九九三）が提示した測定方法を援用しています。この方法は、はじめに、メンバー一人ひとりを対象にして、チーム活動に関して持っているメンタルモデルを測定します。次に、それぞれのメンバーのメンタルモデルの構成要素ごとに比較して、チームのメンバー全員（もしくは大多数）が共通して持っているメンタルモデルを選別していきます。

クレイガーら（一九九三、一九九七）は、より的確な測定を目指して、この方法に少し工夫を加えています。具体的には、最初に、チームで活動している途中で解決すべき事態に直面するシナリオを複数準備しました。そしてメンバー個々に、その問題への対応の仕方について、自分の考えを回答してもらいましたが、その際、状況特性、問題の診断、解決行動の三つの要素ごとに、様々な鍵となる言葉が一つずつ書いてあるカードをあらかじめ準備しておき、そのカードの中から、回答者に自分の考えに適合するものを選んでもらう方式をとりました。選んだカードが同じであれば、スキーマが共有されているとみなせるわけです。

第二の視点である「知識の構造化」とは、課題や技術あるいは互いの役割など、チーム活動に関してメンバーの保持している様々な知識が、関連づけられ、役立つように構造化されている程度を指しています。単に同じ情報を知っているというだけではなく、この問題を解決するには、どのような技術が必要で、それは誰が得意なのか、関連づけられた情報を共有している程度を指しています。測定の方法は、先述した情報処理の手続きと同じですが、分析の過程で、各情報が関連づけられ構造化されている様子を加重リンクネットワークやパスファインダーと呼ばれる手法を用いて、情報の構造化について共有度を測定しています。

第三の視点である「共通の態度」とは、チーム活動への取組み姿勢の共有度のことです。具体的には、チーム活動において他のメンバーがとる行動を推察することのできる程度を回答させて、チームとしてのまとまりをどのくらい大事にしているのか、その態度（集合指向性と呼ばれています）を測定しています。また、チームとして課題を遂行する力量がどのくらいあると思うかを回答させて、チームとしての自信の強さ（集合効力感と呼ばれています）を測定しています。

最後に、「共有された予期」とは、チーム活動に際して、メンバーどうしが互いに情報を交換したり、必要に応じてバックアップや支援をしたり、目標達成のために活動を調整したりすることへの予期が共有されている程度です。たとえば、実際にチーム活動を行っている様子を記録しておきます。そして、その記録の中から、ある場面を取り出し、その場面において、一人のメンバーが何をしようとしたのかを、その場面には居合わせなかったメンバーに推察させて、その正確さを測定しています。さらに、ある場面を想定させて、その場面で、自分はどのように対処すると思うか、また他のメンバーはどのように行動すると思うか、できるだけ具体的な行動レベルで順番に述べるように求めるという方法もとられました。その記述について詳細に文脈を追って分析していき（プロトコル分析と呼びます）、内容の具体性と詳細さを測定します。メンバー個々の記述をつきあわせ、あるメンバーの行動に関する他のメンバーの予期が一致・類似しているときに共有された予期の程度は高いとみなされます。

共有メンタルモデルの影響性

クレイガーらは、図11のようにチームを取り巻く社会経済的環境や、所属する組織の文化、チームでの職務遂行トレーニングの有無、課題の特性あるいはメンバーのパーソナリティなどが、共有メンタルモデルに影響を与えると指摘しています。そして、共有メンタルモデルは、チームの効果性とパフォーマンスに良い影響を与えると指摘しています。確かに、メンバーのチーム活動に関するメンタルモデルの共有度が高いほど、課題遂行はスムーズに行われやすいと考えられます。しかし、その後行われてきた実証的研究では、共有メンタルモデルだけでは、チームの優れた効果性や高度なパフォーマンスを説明することはできないことが明らかにされてきています（ランゴン＝フォックスら 二〇〇〇、ピーターソンら 二〇〇〇など）。バッテンハウゼン（一九九一）が指摘しているように、共有メンタルモデルだけでなく、チームの結束、メンバーのコミットメント、目標設定の内容や手順、あるいはチーム内の葛藤などの要素も、チームの効果性やパフォーマンスに重大な影響を及ぼすと考えられます。

チームワークの心理的要素の中核をなすものとして、共有メンタルモデルは重要です。しかしながら、たとえばチームで目標達成に向けて結束している状態は、共有メンタルモデルに含まれるのでしょうか。含まれうるとすれば、どのように測定すれば良いでしょう

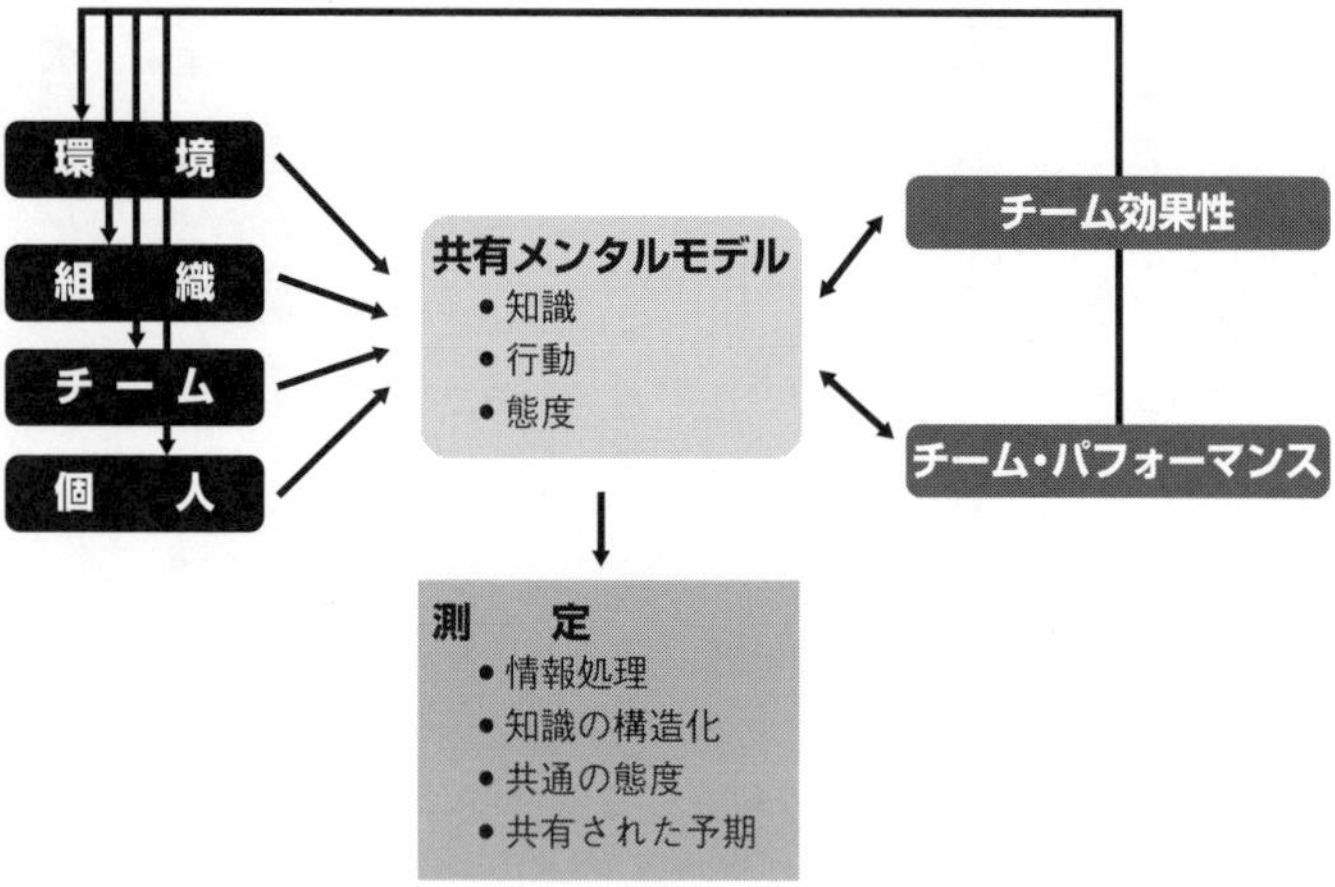

図11　共有メンタルモデルに影響を与える変数
（クレイガーとウェンツェル，1997より）

か。共有メンタルモデルの概念には、どの要素まで含むのか、そしてどのように測定を行えば良いのか、さらなる議論と実証的検討が課題となっています。共有メンタルモデルに関する研究は、トランザクティブ・メモリー研究（ウェグナー 一九八七）をはじめとして、組織における共有された認知（shared cognition in organization）に関する研究の一翼を担いながら、検討が続けられています。

チームワーク・プロセス・モデルに基づく測定アプローチ

共有メンタルモデルを基盤とする測定は、厳密であるがゆえに、極めて手間と労力と時間のかかるものとなっています。また、ディッキンソンとマッキンタイアのモデルに示されているようなチームワークが形成され機能するプロセスを考えたときに、もっと多くの側面からチームワークの心理的要素の存在を検討してみる必要があると考えられます。

そこで、筆者ら（三沢ら 二〇〇六）は、より簡便に実施できるうえ信頼性と妥当性に優れており、またチームワークが形成され機能するプロセス全体（チームワーク・プロセス）を視野に入れた心理的要素の測定方法を検討しました。そして、医療現場における看護職チームおよび発電所における運転チームを対象にしたチームワーク測定尺度の開発に取り組み、一定の成果を得ています。ここでは看護職チームを対象とするチームワーク測定尺度の開発過程と尺度の有効性について紹介していきます。

看護チームと発電所の運転チームをターゲットにしたのは、日常的にチームで業務に当たる職種であり、チーム活動場面に関する質問に対してリアリティを持って回答してもらえると考えたからです。一言にチームワーク測定尺度といっても、対象とするチームがいかなる活動に従事するのかによって、質問する文章は現場のリアリティをふまえたものにしないと的確な測定はできません。われわれは医療の現場に入り込み、手伝いや観察をさせてもらいながら、看護師たちの日常業務がいかなるものなのか、できるだけ現実をふまえてチームワークをとらえようと試みました。発電所の運転チームについては、現場のセキュリティ・システムが堅固で、実際の業務遂行に同行することは不可能でした。そこで、チーム単位の研修の様子を観察したり、実務経験のあるベテラン研究者に詳細を教えていただきました。さらに電力中央研究所との共同研究も行って、現場のリアリティを反映した測定を心がけました。

チームワーク・プロセスに働いている心理的な要素を明らかにするには、つまるところ、チームワーク活動に従事している様々な局面で、メンバーが、何を感じたり考えたりしながら行動をとっているのかを尋ねて答えてもらうのが、シンプルですが納得のいく方法です。もちろん、質問の仕方や回答結果の分析方法など十分に留意しなければならない点も多々あります。社会心理学の研究は、そうした留意点や限界をふまえながら、人間の心の状態を把握する工夫を続けてきました。質問紙法に基づく心理測定尺度の開発もそのような取組みによって洗練されてきています。われわれはこのような観点から質問紙法によるアプローチを採用して、測定尺度の開発に取り組みました。

チームワーク測定尺度の開発

チームワークの構成要素については、ディッキンソンとマッキンタイアのモデルを参考にしました。そして、要素ごとに、日常の看護業務におけるチームワーク活動の場面を念頭において、回答者自身の行動や心理の様子、それにチームの他のメンバーの行動とチーム全体の行動の様子や雰囲気について記述した文章を準備しました。この準備の第一段階では、ディッキンソンとマッキンタイアが、戦闘機チームは対空戦（ＡＡＷ）を対象として作成したステートメントも参照しながら、七名の研究者が参画して看護の現場にふさわしい適切な文章の作成と精緻化を行いました。すなわち、「チームの指向性」、「チーム・リーダーシップ」、「コミュニケーション」、「モニター」、「フィードバック」、「支援」、「相互調整」のカテゴリーごとに表に例示するような文章を準備しました（表4参照）。

表４　チームワーク測定尺度に用いた質問文の例

チームワーク構成要素	質問文の一部
チームの指向性	自分の知識・技能を高めるための取り組みがなされている。 仕事の手順を守ることについて厳格である。 皆が互いの長所をみとめあっている。
チーム・リーダーシップ	簡潔で要点をついた指示・コメントをする。 各スタッフの役割と責任を明確に示している。 スタッフ皆の話をよく聞く。
コミュニケーション	仕事をうまく行うためのコツを伝え合っている。 皆が納得するまで話し合っている。
モニター	自分たちの職務とその目的を確認しあっている。 他のスタッフの仕事の進み具合について，注意を払っている。
フィードバック	ケアや処置を間違って行っているスタッフがいたら，それを本人に教えている。 チーム内での決まりごとを守っていないスタッフがいたら，その場で率直に注意している。
支　援	仕事を一人でたくさん抱えているスタッフがいたら援助している。 仕事の仕方や仕事で困ったことについて，相談しあっている。
相互調整	仕事の負担が特定のスタッフに偏りすぎないよう，互いに気を配っている。 互いの都合や仕事の進み具合にあわせて，仕事の仕方を工夫して調整しあっている。

これらの文章（＝質問項目）は、全部で六〇項目です。そして、回答者に、自分の所属する看護チームが、各文章の内容にどのくらい当てはまっていると感じるか、「全くそう思わない（一点）」から「非常にそう思う（五点）」の五段階で評定してもらうスタイルの質問紙を作成しました。

質問紙が準備できたら、比較的規模の大きな全国二十四の総合病院の協力を得て、質問紙を配布して、七二〇名の回答を得ました。回答者の中で看護師長など管理職の方々の回答は区別して、一般看護師五六八名の回答を分析対象としました。因子分析を行ったところ、図12のような因子構造を持っていることが示されました。この際、因子ごとに内的整合性のチェックを行って、信頼性の高さを確認しました。因子構造を見ると、ディッキンソンとマッキンタイアのモデルとは若干の違いがあります。また全国から集めたデータとはいえ、どのくらい汎用性があるのか気になるところです。

そこで、三十三の病棟（看護師が所属する職場の単位で、大きな意味でチームといえる集団です）を抱える大規模な総合病院の協力を得て、勤務する全看護師七八〇名に質問紙を配布して、回答してくださった七〇七名のうち、記入漏れなどの不備のなかった六八〇名の回答を対象にして統計学的分析を行いました。今回は、因子構造の確かさを再確認するとともに、病棟ごとにメンバーの回答の一致率を算出して、メンバー個々の回答を病棟

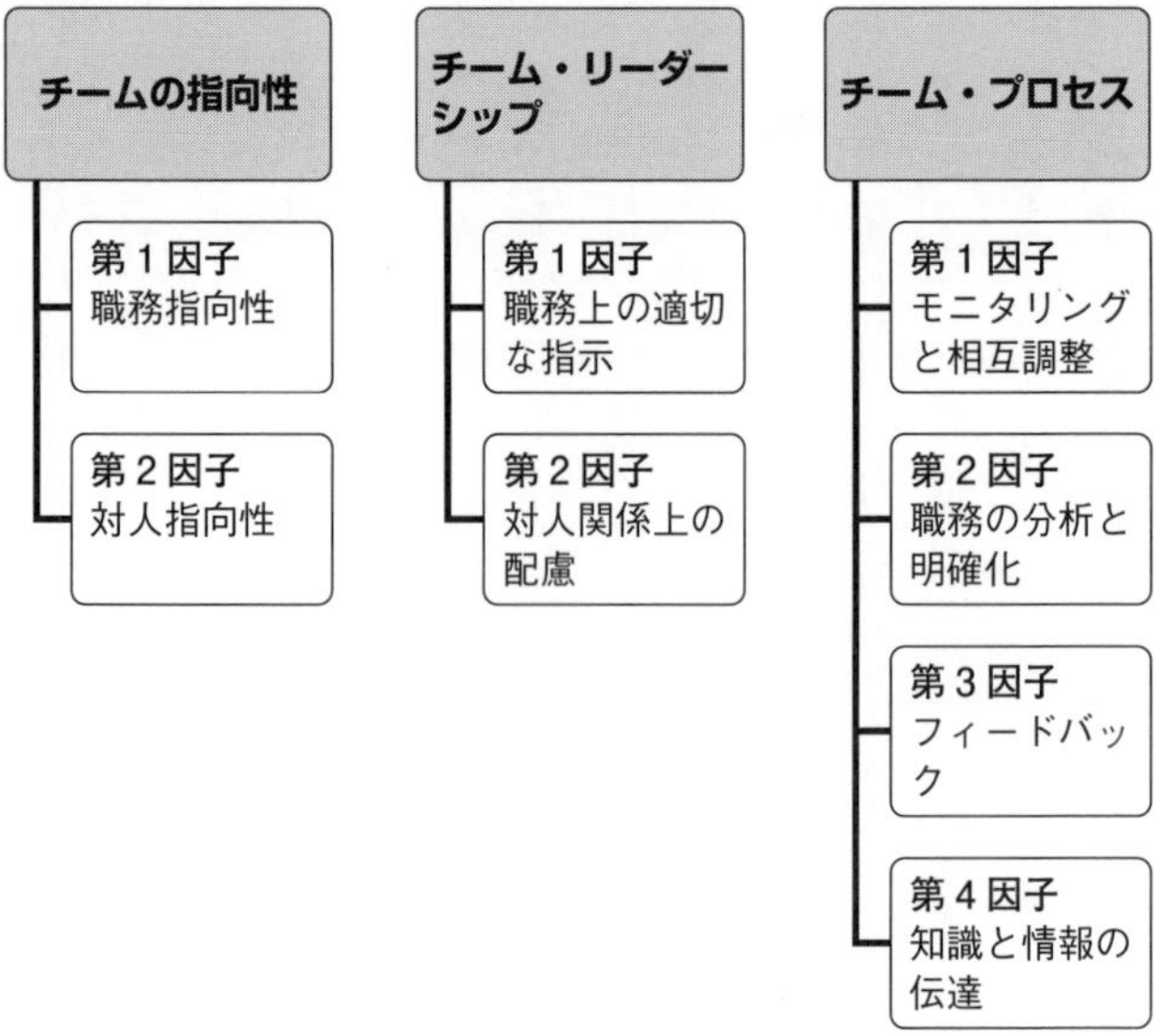

図12　測定されたチームワークの因子構造

（チーム）レベルに集約したときの妥当性についても検討しました。つまり、測定された結果がチームの特性とみなせるか精査してみたわけです。メンバーによって回答に大きなばらつきがあったのでは、測定のツールとしては信頼が置けないことになりますので、この分析結果は気になるところでした。幸い、構成員が一人しかいない一つの病棟を除いて、三十二の病棟で高い一致率が確認されました。したがって、この測定尺度で測定された結果は、チームとして集約すれば、そのチームのチームワーク特性を示す指標となることが確認されました。

ここで留意しておくべきことは、この測定尺度による結果は、あくまでも回答者の所属する病棟のチームワークに対する自己評価であり、実際に行動を観察した第三者による客観的な評価は含まれていないことです。したがって、研究結果を安易に一般化させてはいけません。いえることは、大規模な総合病院に勤務する看護師の皆さんが、自己の所属する職場（病棟）のチームワークに関して認識している内容の特性を把握するのに、妥当性と信頼性の高い測定尺度が一つ開発されたということです。この測定尺度を活用して、今後さらに多様な観点から看護師集団のチームワーク特性に関する研究を推進することで、測定尺度や測定技法の精緻化が進むと考えられます。

この測定尺度は、今回、看護師対象に特化して開発されたものです。しかし、モデルに基づいて構成されたものですから、他の職種の特徴にあわせ、現場のリアリティを的確に反映させるという、比較的少ない労力で改編が可能です。チームの特性によっては、また異なった因子構造が見られたり、同一の項目が異なる因子を構成したりすることもあるかもしれません。今後、実証的な研究を積み重ねることで、全てのチームに共通して適用できる質問項目と、チームが取り組む業務の特徴に応じて使い分けをする必要のある項目とに分類ができるようになるかもしれません。

●チームワークの可視化はどこまで可能か

本章ではチームワークの測定に関する研究の取組みを紹介してきました。目に見える「チームワーク行動」の側面では、測定の対象を明確にして観察できるため正確な測定が可能になっています。課題は、厳密な測定を行うには、準備と測定そのものにかなりの労力を必要とする点です。しかし、コンピュータ・サイエンスが発展し成熟してきた今日、データを蓄積して、的確な測定のポイントと評価基準を設定することができれば、カメラで観察しながら自動的にチームワーク行動に関する測定と評価を行うシステムの開発の実現は射程圏内に入ってきていると思われます。チームレベルのパフォーマンスの向上を目指す職務の現場は多様にかつ多数存在しますので、チーム訓練を行う場合など、このようなシステムが重宝されるでしょう。行動レベルでのチームワークの可視化はまちがいなく可能であるといえます。

一方、「チームワークの心理的要素」の側面では、まだまだ基礎的な研究を積み重ねていくことが必要だと思われます。目に見えない要素を的確にとらえることの難しさがありますし、そもそもチームワークの心理的要素については、その概念についても様々な指摘があって、曖昧な部分が残されています。もちろん共有メンタルモデルの概念とその測定は貴重な研究成果ですが、それだけではチームワークの心理的要素を包括しているとはいい難いのも事実です。また、個々のメンバーの心理に帰属できないチーム全体の要素についても視野に入れた検討が必要です。

チームワークの測定に関しては、現在進行中の状態にあって、論争や異論もたくさんあります。このことは、測定の問題だけでなく、チームワークに関する研究そのものについていえることです。しかし、だからこそ研究としては面白いともいえます。結論が出てしまっていることについては、応用の取組みはあっても、発生メカニズムの解明など、基礎的な研究はやっても意味がありません。万有引力の法則やケプラーの法則について、本当にそれが正しいかを現在になっても検討している研究者はいないことを考えてもらえばわかることです。進化論や生命科学は、何が正しいのか、まだ明らかになっていないテーマを数多く抱えています。「ああでもない、こうでもない」という議論が盛んに闘わされている領域です。人間の心理についても情動の研究などで同様の状態が見られます。チームワークの研究も同じです。決して開き直りではなく、「まだわからないことがあるからこそ、面白い」と考えて、チームワークの心理的要素の可視化という難題に挑戦し続けることが、これからも大事だと思います。

3・チームワーク発達論

●チームワーク発達論の視座

チームワークにも品質がある

よく話題になることですが、一流の選手だけで構成された、いわゆるドリーム・チームが、必ずしも最高のパフォーマンスをあげることができるとは限りません。優秀なメンバーでチームを構成することは望ましいことですが、それだけでは十分とはいえないのです。逆に、稀《まれ》にではありますが、個々のメンバーを見ると秀逸とはいい難い人材で構成されているのに、極めて優れた成果をあげるチームが現れることもあります。二〇〇七年夏の甲子園大会で優勝した佐賀県立佐賀北高校などは記憶に新しいところです。もちろん選手の才能と努力が基盤ですが、個々の力をチームの力に紡ぎあげるチームワークが卓越していたことが、素晴らしい成果をもたらしたのだと考えられます。

どのようなチームにも何らかの状態でチームワークが存在すると考えられます。そのすべてがチームの目標達成を促進するわけではありません。当然のことながら、チームワークには優劣があります。その優劣の度合いは、チーム・パフォーマンスの高低の程度やチーム目標の達成度などによって判断することができます。気になるのは、高度なチーム・パフォーマンスを引き出すような優れたチームワークはどのようにしてチームに備わるのだろうか、という点です。もちろん、優れたチームワークがはじめから確固たる形で存在するわけではないと思われます。チームが形成され、メンバーの相互作用が行われる過程を通して、徐々に形成され、発達していくものと考えられます。どのようにして高品質のチームワークは育まれるのか、理論的にも実践的にも非常に興味深いテーマだといえます。

チームワークの発達を検討する際の拠り所

チームワークの発達の様相は、チームによって微妙に異なるものになると思われます。しかし、発達の段階やメカニズムなど、共通した一定の法則性があると考えられます。チームワークの発達は、チームの発達と連動していることが考えられます。チームの発達過程に関しては、集団力学をベースにした集団発達の研究が参考になります。そして、これらの研究の成果として、集団の発達段階に応じた適切なリーダーシップのとり方に関する理論が提示されており、チームワークの発達を考えるときに有益な視点をもたらしてくれます。本章では、集団力学における集団発達の研究成果を拠り所にして、チームワークの発達の様相について論じていきます。

●集団の発達過程に関する研究知見

集団発達のモデル

集団が形成されてから成熟し崩壊するまでの過程については、モアランドとレヴァイン（一九八八）が提示した理論をベースに山口（二〇〇六）が図13のようなモデルを示しています。

われわれ意識（we-ness, we-feeling）の発生に始まって、規範の生成、集団凝集性の高まり、メンバー間のコミュニケーションや勢力関係、役割関係の構造化などが進みます。このような発達によって高度な課題遂行を実現したあとは、老齢化が進み、次第に硬直化現象が見られるようになります。硬直化現象の代表的なものは、新しい取組みが必要だとわかっていても慣例や前例に固執するようになったり、集団内の話題には敏感に反応する

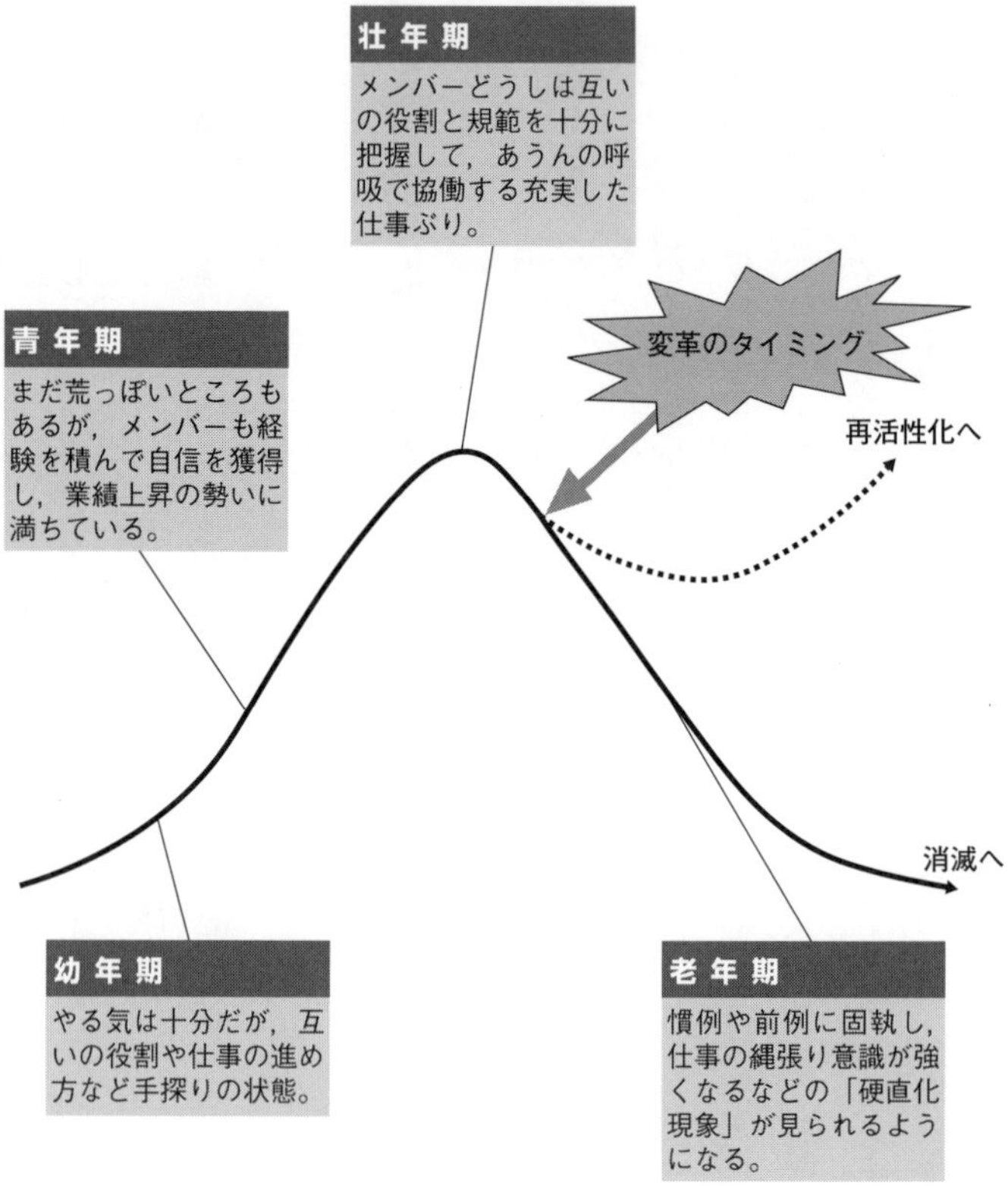
壮 年 期
メンバーどうしは互いの役割と規範を十分に把握して，あうんの呼吸で協働する充実した仕事ぶり。
青 年 期
まだ荒っぽいところもあるが，メンバーも経験を積んで自信を獲得し，業績上昇の勢いに満ちている。
変革のタイミング
再活性化へ
消滅へ
幼 年 期
やる気は十分だが，互いの役割や仕事の進め方など手探りの状態。
老 年 期
慣例や前例に固執し，仕事の縄張り意識が強くなるなどの「硬直化現象」が見られるようになる。

図13　集団発達のモデル図

一方で、集団を取り巻く外部の話題には関心を持たなくなったり、あるいは盛んに議論はしても、実践はためらったりする現象があげられます。集団とはいえ、時の流れとともに年をとることをこのモデルは示しています。

心をあわせることは人間の本能？

不思議なことに、人間は集団を形成して活動を始めると、そのメンバーとして他のメンバーと行動や判断を一致させようとする傾向を強く持っています。「われわれ意識」の発生は、その原初的現象だといえるでしょう。なんとなく自分たちは一人ひとりバラバラではなく、集団の仲間であり、「われわれ」なのだという感覚は、さらに、確固たる形で心を一つにしようとする傾向につながっていきます。シェリフ（一九三五）が行った集団規範の形成過程に関する古典的な研究（図14参照）は、この人間の心理特性を明快に実証しています。

シェリフは、実験参加者を、完全に闇に包まれた部屋の中に入れて、針の穴から漏れてくる僅《わず》かな灯りを見つめ、その灯りがどのくらい移動したと感じたのか回答を求めました。実験参加者たちは、正直なところ困惑しただろうと思います。「自信はないけれど、どのくらいだったかと尋ねられたなら、だいたい……」という感じで回答したのでしょう。注目すべきは、この問答を集団で経験した人々の行動です。最初の回答では、それぞれに異

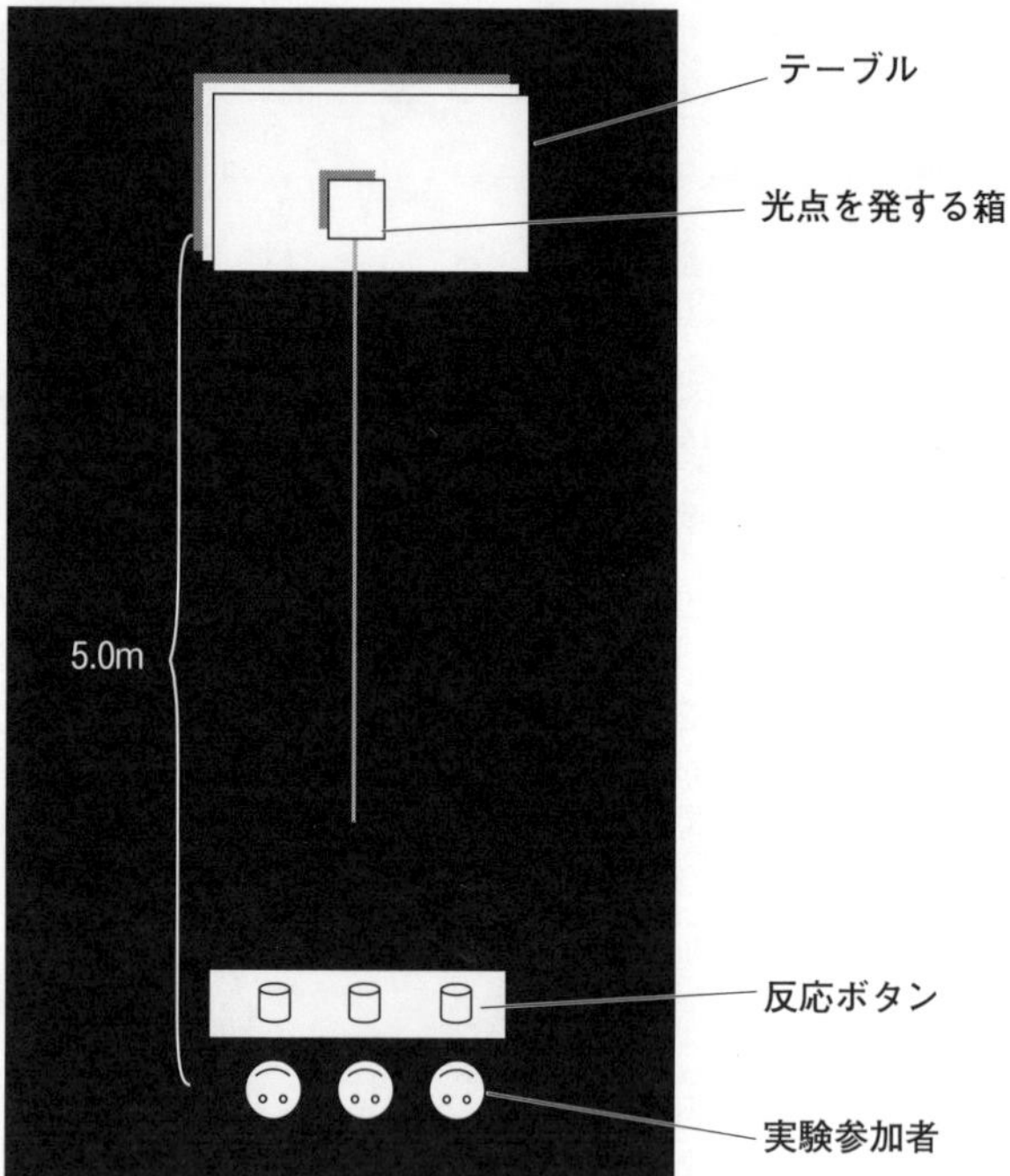

図14　集団規範の生成に関する実験で用いられた実験室状況
（シェリフ，1935 より）
実験参加者たちは，暗闇の実験室の中で，一筋見える光の点がどのくらい移動したと思うか尋ねられた。

なる回答をしました。各自の判断には個人差があったわけです。しかし、二度、三度と同じ経験を繰り返すと、各人の判断値の差が小さくなるように回答が次第に変化していきました。そして、四度目くらいには集団のメンバーの判断はとうとう一つの値に収斂して、一致していったのです。しかも、この経験から一週間以上の時間が経ったあとでも、一致した集団の判断に対してメンバーは確信を保持していました。

集団が発達する過程において、メンバーたちは、互いの行動や判断にばらつきがあってまとまりのない状態よりも、それらが一致してまとまりのある状態を好みます。この心理的傾向は、集団で活動する様々な局面において、一人ひとりが、どのように判断して、いかに行動すべきなのか、メンバーで共有する判断や行動の基準の形成につながります。判断や行動の基準の共有は、心理的にもっと深いレベル、すなわち価値観や信念の共有をも育みます。メンバーが共有するこのような心理と行動の特性は、集団規範と呼ばれます。

集団規範は、別の表現をすれば、集団の個性や文化、伝統、風土ともいえるものです。もし、一人のメンバーが、規範からはずれて、全員一致を逸脱するようなことがあれば、他のメンバーは規範に従うように説得したり、場合によっては脅したりさえします。これは多数者から少数者への同調圧力と呼ばれますが、集団メンバー全員が一致した行動や判断を示すように働く斉一性（ユニフォーミティ）への圧力といえます。

このように見てくると、チームを形成して活動を始めると、メンバーたちは心を一つにしようとすることが、まるであらかじめプログラムされているかのようです。チームワークの基盤は、メンバーが結束して一体感を持ってチームの目標達成を目指す態度を皆で共有していることです。チームワークの構成要素の一つである「チームの指向性」とは、チームの目標達成に向けてメンバーが共有している態度が大きな比重を占めていると考えられます。チームを形成した時点で、メンバー皆で心を一つにあわせていこうとする心理的なバイアスがチーム活動の基礎的なところで働いて、チームの指向性が育まれ発達していくといえるでしょう。

しかしながら、心を一つにあわせていくことがたやすいことではないことを多くの人がよく知っていると思います。なぜならば、メンバー間には、絶えず葛藤が発生する可能性が潜んでいるからです。

メンバー間の葛藤の克服が鍵を握る

チームで職務遂行している現場では、メンバー間に発生する葛藤の調整は頭の痛い問題です。

かつて、組織の効率的な経営をめぐる議論においては、なるべくメンバー間で葛藤が生じないように配慮した組織マネジメントが重要だとされた時期もありました。しかし、現在では、そのような「やっかいもの」として葛藤を扱うのではなく、それに適切に対処して、組織やチームの活力に転換させるマネジメントに注目が集まっています（リカートとリカート 一九七六、山口 一九九七など）。たとえば、プロ野球のチームでは、選手間の競争を活発に行わせて、個々の力量を高め、チーム全体の戦力向上とレベルアップをはかっています。それをイメージすれば、メンバー間の葛藤を活用するチーム・マネジメントがあることを理解してもらえると思います。

もともとチームのメンバーは心を一つにあわせようとする気持ちは持っているにしても、各自、自分の考えや価値観を持っていて、それを捨ててまでチームのために自己犠牲を払おうとは考えないのが普通です。逆に、自分の考えや価値観を他のメンバーに受け入れてもらい、自分のやりたいようにやろうとするのが自然です。

人間は自分を肯定的に評価しようとする自尊感情を一定程度持っていますし、それゆえ自分の考えや行動は妥当であり正当であると思いたがる存在でもあります。多くの場合、人間は自己の利益を優先して判断し行動するのです。生まれつきの好みや性格も、育った環境も、一人ひとり違うのですから、考え方も価値観も個々に異なるのが当たり前です。異なる個性を持ったメンバーが集まって活動をすれば、意見や価値観の衝突が発生するのは避けることのできない必然の帰結といえます。メンバー間の葛藤は発生するのが当たり前と考えて、チームワークを上手に育む取組みが大事だといえるでしょう。

いかにして葛藤に適切に対処するか

とはいえ、葛藤は、最初は見解の相違や利害の対立という次元で発生したとしても、それが情緒的な対立に結びつくことが多いので、適切に対処することは容易ではありません。人間の感情システムは、人間の行動をかなり強く規定しています。たとえば大事な仕事であること、必ず成果をあげなければならないことは十分に理解し認識している場合でも、考え方や感じ方が自分とは異なる人と一緒にペアを組んでの仕事となると、気が進まずモチベーションが湧かないのが人情というものでしょう。チームワークを育むときも、この情緒的な対立の克服が重要な鍵を握ります。

葛藤への対処行動は、図15に示すように整理できます。オオブチとタカハシ（一九九四）は、われわれ日本人が、アメリカ人と比較して、葛藤への適切な対処が苦手であることを明らかにしています。彼らの日米比較調査の結果、日本人は葛藤の生じてしまった相手とは、なるべく顔をあわせないようにする「回避」行動を選択する傾向を強く持っていることが示されたのです。確かに、日本人の多くは、何らかの葛藤や紛争が生じた場面で、自己の見解を主張して、相手との対立を明確にすることは苦手だと感じられます。穏便に

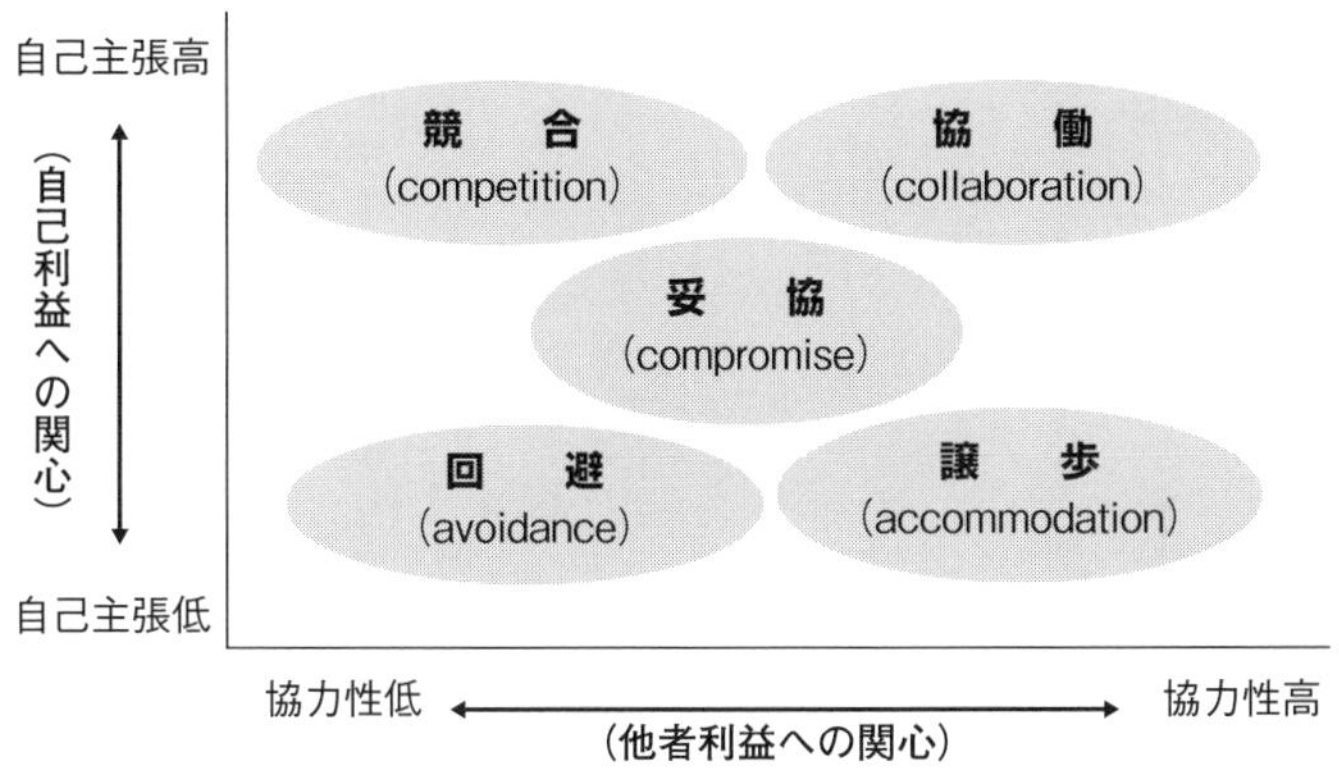

図15　対人的葛藤への対処行動の類型

ことを運ぼうとして、問題を曖昧にして先送りすることが多い日本政府の外交戦略にも通じるところがあります。これは、日本人のメンタリティの特徴の一つなのかもしれません。しかし、これではその場しのぎにはなるかもしれませんが、葛藤の本質的な克服にはほど遠い対処になってしまいます。

チームでの活動は比較的長期にわたりますし、毎日のように顔をあわせなければならないのが普通です。そのような条件のもとで、「回避」行動を選択することはチームワークの崩壊を意味します。また、「競合」行動や「譲歩」行動は、どちらかが一方的に自己の主張・利益を獲得して勝ち組になり、もう一方は負け組になる事態を招くものですから、「回避」行動以上に速いスピードでチームワークを崩壊させてしまうかもしれません。これらに比べて、互いに主張を譲りあう「妥協」行動は、現実的な対応として効果があります。政治の世界はおおよそこれで成り立っているといっても良いくらいです。しかし、互いの主張の本質は何も変わりませんし、妥協の際に不完全燃焼のままでわだかまりの感情が残る場合もあります。そのため、別の似たような状況に新たに直面したときに、同じような葛藤が繰返し発生することが懸念されます。やはり望まれるのは、互いに自己の意見や利益を主張しあい、競争しあいながらも、相手の意見や利益も理解しあって協力しあう「協働」行動を選択することです。でも口でいうのはたやすいですが、実現するとなると容易ではありません。ではどのようにすれば良いのでしょうか。

葛藤を的確に克服するには、「問題直視」の方略が最も有効であることがわかっています。なぜ葛藤が発生しているのか、その原因となっている問題を当事者が互いに直視する取組みです。感情的になる前に、なぜ対立しているのか、冷静に問題を見つめ、分析する態度で臨むことで、葛藤は適切に克服されることが多いのです。よくよく相手の意見を聞いてみれば、それなりに理解できる点もあるし、相手の立場ならばその主張も納得できることもあるのです。それと同時に、互いに一人ぼっち・単独では、利益を獲得していくのは難しく、様々な苦労が伴うのに対して、協力しあったほうがずっと楽に利益を確保していけることにも気づくことができるのです。

昔は、怒りっぽい人のことを「瞬間湯沸かし器」と表現していたほどです。すべての人が怒りっぽいわけではありませんが、このたとえのように、人間の感情システムは非常に敏感で即座に反応しますから、冷静に問題を直視すること自体、とても難しいことだといわざるをえません。ただ、繰返しになりますが、チームの活動は比較的長期にわたります。一度は感情的になってしまっても、落ち着いたら冷静に問題を直視しあう態度を持つことは十分に可能です。回避するのではなく、問題を直視しあう態度をメンバーが共有することで、チームワークは育まれ、より高品質なものへと発達していくことになります。

ここで大切な点は、問題直視を可能にするような高度な「チームの指向性」を育むには、人間の心にもともと標準的に備わっているメンバー皆で心を一つにあわせようとする傾向に頼ってばかりいたのではおぼつかないということです。チームの目標達成を促進するように働きかける影響力であるリーダーシップの存在が必要になってきます。

●リーダーシップとチームワークの発達

リーダーシップ概念の再確認

リーダーシップは日常の生活でも頻繁に使用される概念で、多様なとらえ方をされています。その点、チームワークの概念と似ています。リーダーシップの概念については、数多くの研究知見をレビューしたうえでストッジル（一九七四）が提示した包括的な定義が定番となっています。ただ、リーダーシップとは、集団の目標達成に向けてなされる集団の諸活動に影響を与える過程である」と定義されます。大事な点は、リーダーシップは影響力であるということです。

一般に、組織の管理者やチームのリーダーが発揮すべきものとしてリーダーシップをとらえがちですが、メンバーの誰であっても、チームの目標が達成できるように周囲のメンバーに促進的な影響を及ぼすとき、それはリーダーシップなのです。新入社員が、元気よく行動したり、笑いを誘ったりすることも、それが他のメンバーの励みになり、チームの目標達成を促進すれば、リーダーシップを発揮したといえるのです。

チームワークの発達を考えるとき、このリーダーシップの視点は重要な意味を持ちます。

全員がチームの目標の達成に向けて互いに促進的な影響を及ぼしあうことは、より高品質なチームワークを目指すときの理想のモデルといえるでしょう。チームワークの構成要素の一つである「チーム・リーダーシップ」は、まさにこの理想のリーダーシップがメンバーに備わることを意味しているといえます。ただ、チームが形成されてからすぐにメンバー全員にリーダーシップの発揮を求めることは現実的には無理があります。まずは、誰かが先頭に立って、チームの目標達成に向けて促進的な影響を与えていくことが必要です。チームの管理者（時には先輩や熟練者ということもあります）は、どのようにリーダーシップを発揮すれば、より高品質のチームワークを育んでいくことができるのでしょうか。

コンティンジェンシー・アプローチからの示唆

リーダーシップに関しては長年にわたり膨大な数の研究が蓄積されてきました。初期のころは、歴史上、あるいは実在する優れたリーダーが備えている特性を分析する特性論アプローチが主流でした。その後、特別な人でなくても、誰でも優れたリーダーシップを発揮できるには、どのように行動すれば良いのかを明らかにしようとする行動アプローチが生まれました。行動アプローチのもとでは、極めて活発な研究が行われ、多くの理論が提示されました。ブレークとムートンのマネジリアル・グリッド理論（一九

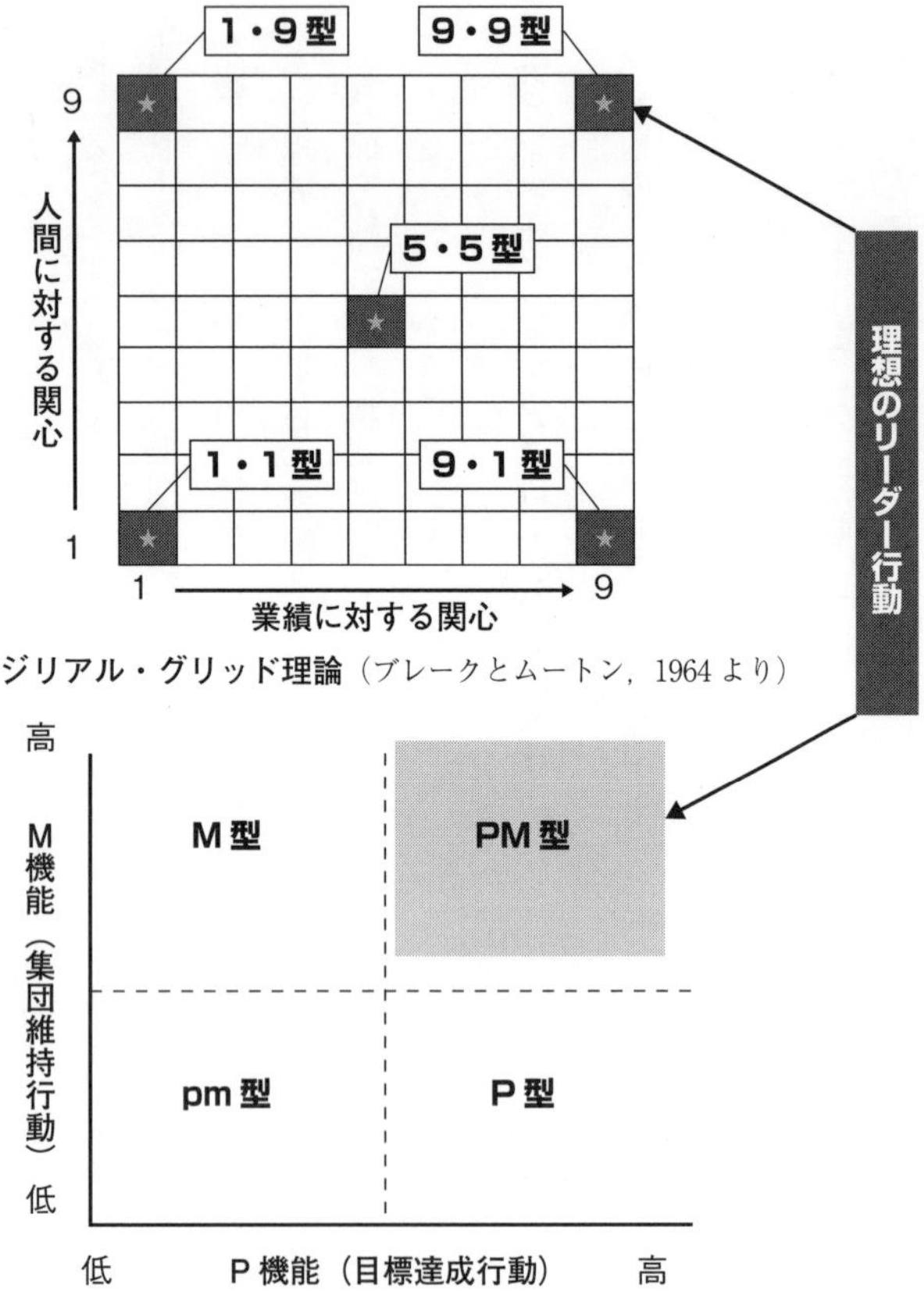

(a) マネジリアル・グリッド理論（ブレークとムートン，1964より）

(b) PM理論によるリーダーシップ類型（三隅，1984より）

図16　リーダーシップに関する行動アプローチによる代表的な2つの理論

六四）や三隅のPM理論（一九八四）などが代表的な理論です（図16参照）が、その他の数々の理論にも共通していたのは、リーダーシップは、仕事の目標達成を希求する職務への厳しさの側面と、部下の気持ちや成長を考慮して接する人間的な配慮や優しさの側面という二つの側面から成り立っているという視点でした。仕事への厳しさと部下への人間的な配慮や優しさが両立して備わっているとき、優れたリーダーシップになるという点でも多くの理論が共通していました。

行動論アプローチの豊かな成果をさらに発展させたのが、コンティンジェンシー・アプローチです。日本語では状況即応モデルと表現されることの多いこのアプローチは、集団の置かれた環境や状況の変化に応じて、最も効果的なリーダーシップのスタイルは異なってくるという視点に立ちます。そして、環境や状況の変化同様に、集団が形成されてからの時間経過とともに、集団の特徴も変化しながら発達するという考え方を刺激しました。先に紹介した集団も年をとるという視点です。

集団の発達段階に適したリーダーシップの視点

コンティンジェンシー・アプローチに基づくリーダーシップ理論として評価の高いのが、ハーシーとブランチャード（一九七七）が提唱したライフ・サイクル理論です。図17に示すように、彼らは集団の発達過程を四段階に区分して、それぞれの段階に応じて必要とされる効果の高いリーダーシップ・スタイルがあると指摘しています。水平の軸は、職務に必要な能力、知識、技術の習熟度や熟達度を示しており、左に行くほど高度になります。垂直の軸は協力して目標を達成しようとする意欲や態度の強さを示しており、上に行くほど高度になります。

第Ⅰ段階（右下）は、チームが形成されたばかりで、メンバーも職務に熟達しておらず、協力しあって仕事をすることも十分にできない状態にある段階です。この段階では、メンバー各自の役割と果たすべき職責を明確に伝えて指示する教示的なリーダーシップが有効であるとこの理論では考えられています。

第Ⅱ段階（右上）になると、メンバーは仲間と協働することができるようになってくる段階です。この段階では、協働して成果をあげようとするメンバーたちの意欲は高まってきますが、技能や知識はまだ発達途上の段階です。この段階では、メンバー各自が役割と職責をどのように果たしていけば良いのか、またそれはいかなる理由によるのかを丁寧に説明して納得を得る説得的なリーダーシップが有効であると示されています。

第Ⅲ段階（左上）は、チーム活動に対するメンバーたちの意欲、知識、技能も高まり、チームは成熟した段階を迎えます。この段階においては、リーダーは指示や説得という管

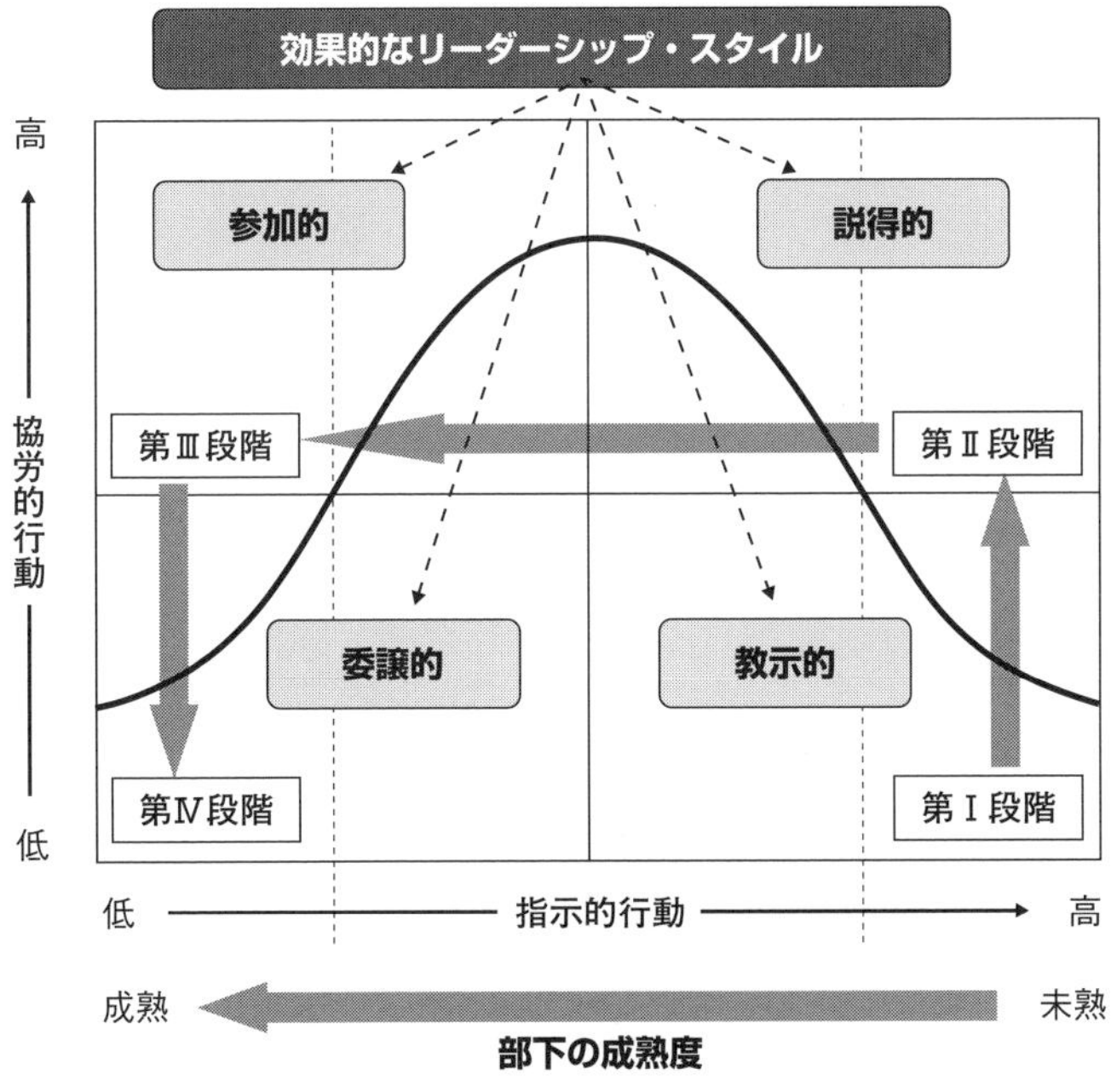

図17　リーダーシップのライフ・サイクル理論
（ハーシーとブランチャード，1977より）

理者的な立場に立つよりは、メンバーの自主性や自律性を尊重した参加的リーダーシップに重心を置くことが効果的になります。

そして第Ⅳ段階は、職務を果たす技能や知識は十分に備わっていますが、チームで協働することに関しては意欲が衰えてきます。先に示した集団発達のモデル（図13参照）における老年期をチームが迎えることを意味します。この段階では、メンバーたちが主体的にチーム活動をリードしていくように権限を譲ってメンバーたちの行動を見守る委譲的リーダーシップが有効であると、ハーシーとブランチャードは考えています。近年、この第Ⅳ段階については、集団が硬直化する段階であるととらえる立場も出てきています。長年の慣習や前例に固執する傾向を強める集団に対して、創造的な革新を引き起こす変革型リーダーシップの必要性が強く指摘されています。

チームワークの発達とリーダーシップ

このように集団の発達過程に対応して有効なリーダーシップも変化するという視点は、チームワークの発達のあり方についても貴重な視点を提供してくれます。すなわち、チーム形成から間もない、いわゆる幼年期においては、リーダー、先輩や年長者が指導的役割を果たして、メンバー各自の役割と責任を明確にしていくことがチームワーク発達の基盤づくりにつながります。青年期に入っても、チームの中で中心的な役割を果たすメンバーを基軸にして、チーム全体の結束を高めるような働きかけが重要です。しかし、壮年期を迎えたチームでは、メンバー各自が職責を果たす力量を身につけるとともに、チーム全体で成果をあげるために協働が重要であることを十分に自覚して自律的に行動することができますから、全員がリーダーシップを発揮してまとまっていく状態を作り上げることが可能になります。

ブレークとムートンが提唱したマネジリアル・グリッド理論でも、最高に理想的なリーダーシップ（9・9型）は、メンバー各自が自律的にとる行動が集団の目標達成という一本の筋を通して有機的に連携しており、リーダー自らは特別な行動はとる必要のない状態を作り上げることであると指摘されています。全員がリーダーシップを発揮しあう段階は、チームワークの発達段階でも理想的な状態であるといえそうです。近年、全員がリーダーシップを発揮する状態を作り上げる視点は分有型リーダーシップ（shared leadership）の研究として、注目を集め始めています（ピアースとコンガー 二〇〇三など）。

しかしながら、全員がリーダーシップを発揮しあうような理想的なチームワークを構築したとしても、それで安心してしまうわけにはいきません。集団は形成から長時間を経て老年期を迎えると、様々な硬直化現象に襲われます。チームとして成功を収め、理想的なチームワークを経験するほど、過去の栄光に依存して、チームを取り囲む現実の環境変化や将来の展望への関心はおろそかになりやすいと考えておいたほうが良いほどです。

人間をはじめとする生命体ならば死は避けられません。それなら老年化に伴う硬直化現象も避けられない運命だと割り切って、むしろその老年期をいかに充実して過ごし、死を迎えるかを考えるほうが理にかなっているかもしれません。しかし、集団、チーム、組織や社会は、そのまま衰退されてしまっては困ってしまうメンバーがたくさんいます。しかも、やがて老年期を迎えることは今からでも想定される事態なのですから、あらかじめ硬直化を回避する準備をしておくことも可能だと思われます。

図13にも示しましたが、チームは創造的な変革に取り組むことで、リフレッシュして、さらに高度なレベルへと発展していくことが可能です。むしろ、成長から成熟そして変革を繰り返すことで、発展上昇ループを描くことがチームや組織にとって理想の発達モデルだといえます。

硬直化の段階を迎えてチームの創造的変革を実践するには、最初は管理者などの特定のリーダーが先頭に立って主導する変革型リーダーシップが期待されます。ただ、留意しておくべきことは、この変革型リーダーシップの目指すところは、メンバーが高い変革指向性を身につけて、全員で共有する状態を作り上げることです。マネジリアル・グリッド理論における9・9型と同様、ここでもリーダー自らが先頭に立って動いた後は、メンバー各自が自律的に自覚を持ってチームを創造的に変革していくリーダーシップを発揮するようにしていくことが理想像です。

メンバー全員が変革型リーダーシップを発揮することで作り上げられるチームワークは、チームを若々しく元気よく保つと同時に、失敗や想定外の困難に直面してもそれにへこたれず、何とかチームの目標を達成するタフネスを備えたたくましいチームワークへとさらに成長しレベルアップすることが期待されます。

●チームワーク・プロセスの発達

チーム・コミュニケーションの発達

メンバーでコミュニケーションをとりながら、互いの仕事ぶりをモニターしあい、気のついたことをフィードバックしたり、支援したりしながら、必要に応じてチームの目標を確実に円滑に達成できるように互いの仕事の進め方を調整するプロセスは、目に見える形でチームワーク行動が進行するプロセスです。このプロセスの核を担うのはメンバー間のコミュニケーションです。コミュニケーションは、チームの指向性やリーダーシップの発達過程

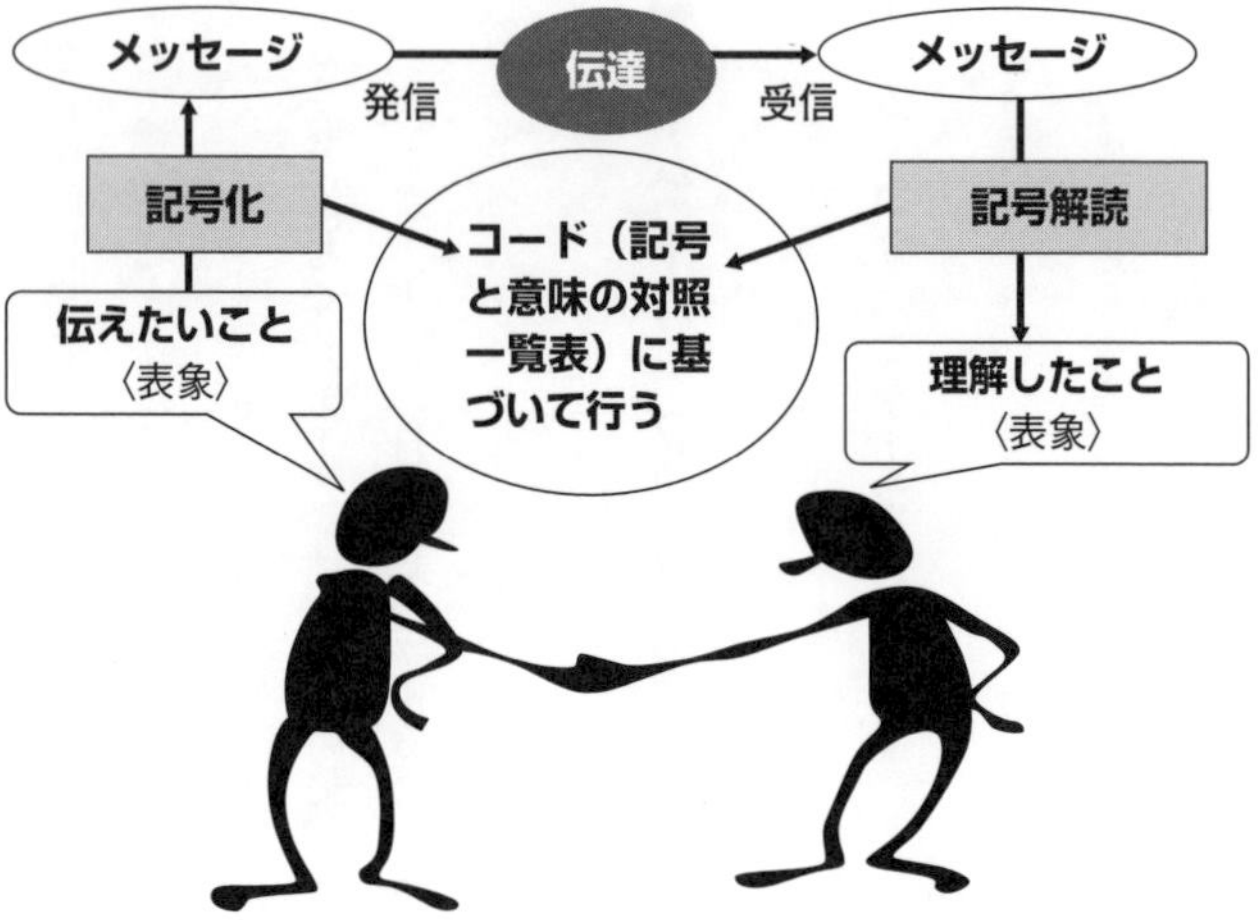

図18　対人コミュニケーションの成立過程

でも不可欠の要素ですが、チームワーク行動が発達し、定着していくためにも極めて重要な役割を担っています。チーム・コミュニケーションの発達を追うことで、チームワーク行動の発達も視野に入ってきます。

　コミュニケーションの成立過程は簡潔にまとめると図18に示すようなモデルで説明できます。メンバー一人ひとりが感じていること、思っていることや考えていること（表象）は、言葉、しぐさや表情などの記号に変換され、相手に伝達されます。記号を受け取った相手のほうは、それを自分なりに表象に変換して理解にいたるわけです。送り手の表象を記号に変換する過程では、その人が経験、学習により獲得した知識体系の中に作り上げた変換コードが使われます。同じく、受け手が届いた記号を自分の表象に変換するときには受け手の人が作り上げている変換コードが使われます。たとえば、イギリス人に感謝の気持ちを伝えようとするとき、われわれは自分が獲得してきた知識体系の中にある変換コードに基づいて英語への変換を行うわけです。もし英語への変換コードを持ちあわせていなくても、笑顔で会釈を繰り返すと気持ちは伝わるかもしれません。受け手の側もそのようにして届いた記号を自分の変換コードに基づいて変換し解釈するのです。

このとき、もし両者の変換コードが食い違っていると、正しいコミュニケーションは成立せず、まったくわかりあえなかったり、誤解が生じたりします。互いの変換コードがある程度一致していることが、コミュニケーションを正確に円滑に成立させる鍵を握っているわけです。チーム・コミュニケーションの場合、二者間のコミュニケーションだけでなく、会議など一対多のコミュニケーションもあって、正確で円滑なコミュニケーションの成立はかなりの難事業となります。

チームが形成されて初期の段階では、各メンバーがそれまでの自分の経験や知識に基づいた変換コードを使用しています。この時点では変換コードの内容でメンバー全員が一致している要素は少ないといえます。しかし、一緒にチーム活動に従事することによって、共通の知識や経験を獲得していき、変換コードの共通要素が増えてきます。また、繰返し相互作用する中で、他のメンバーのコミュニケーションのとり方の特徴を学習して、それを自分の変換コードに取り込むことも行います。チーム活動を継続する中で次第に、特定の記号に対してメンバー全員が同じ意味を持つものとして認知するようになります。これは、その記号が何らかのシンボル（象徴）としてチームメンバーの認知体系に位置づけられたことを意味します。

たとえば、われわれ日本人にとって、人差し指と親指で輪を作って相手に示せば「ＯＫ（了解、大丈夫）」の意味を伝えるシンボルです。しかし、アラビア諸国においては、人差し指と親指で作った輪は「呪いの目」のシンボルだそうです。それを相手に示すことは「呪いをかけるぞ」という脅しの意味になるのだそうです。「大丈夫だよ」と伝えようとした何気ないしぐさが、相手にとっては脅威になるのですから、変換コードの食い違いは軽々しく見過ごすことはできません。

この食い違いのことを知識として獲得したら、われわれは、アラビア諸国の人々とコミュニケーションをとるとき、安易に指でＯＫマークを作って相手に示さないようにするでしょう。日常生活の様々な局面で、われわれは正確で円滑なコミュニケーションを実現できるように、変換コードの拡充、修正、再構成を行っています。このようにして構築されていく変換コードがメンバーに共有され、シンボルが増えていくことで、チーム・コミュニケーションは正確で円滑なものへと発達していきます。

長年にわたってチーム活動を続けてきたメンバーどうしは、仲間のちょっとしたしぐさや表情からも、正確にその気持ちを汲《く》み取ることができるようになります。チーム・コミュニケーションの発達は、いわゆる「阿吽《あうん》の呼吸」でメンバーどうしが意図を理解しあい、他のメンバーの次の行動を推測し、それにあわせて自分の行動を調整していく卓越したチームワーク行動を実現していく基盤となります。

チームにおける暗黙の協調

そもそも他者とコミュニケーションをとる行為には一定の労力が必要です。この労力は、チームで課題を遂行する際には、各メンバーの効率的な仕事を妨げることになります。自分の担当課題だけでなく他のメンバーとのコミュニケーションにも集中力を割かなければならないからです。しかし、チーム・コミュニケーションの健全な発達は、このような労力を軽減するものと考えられています。

リコら（二〇〇八）は、優れたパフォーマンスを示すチームにおいては、課題遂行に際して、メンバーが進捗状況を各自確認しながら、次にとるべき適切な行動をとっていくことができると指摘しています。そして、そのような高度なチームワーク行動をとる際にも、言語や大きなジェスチャーを使用するというよりも、まるで互いにタイミングをはかったように円滑に協調行動が生まれていくことも指摘しています。彼女らは、粛々と整然と進むチームワーク行動の様子を「チームにおける暗黙の協調（team implicit coordination）」と呼んでいます。

どのような条件が揃うと、チームに暗黙の協調が生まれてくるのかについては、まだ仮説を述べる段階に留まっていますが、チームワークが高度に発達することによって到達する水準の一つを示す概念として注目されます。この概念を参考に考えれば、優れたチームワークを育むポイントはチーム・コミュニケーションの効率化にあると考えられます。とはいえ、効率化されたチーム・コミュニケーションは、時折、思いこみや勘違いなどのヒューマン・エラーを誘発して失敗や事故を招き、チームの目標達成を阻害するケースも起きていますので、慎重な検討が今後必要とされます。

●チームのイノベーションとチームワーク発達

継承されながら発達するチームワーク

チームワークの発達は、メンバーがそれを学習することによって進みますが、メンバーが入れ替わっても継承されていくところに特徴があります。新しく加わったメンバーは、チームの一員としての役割と職責を果たすために、できるだけ早くチームになじもうとします。チーム活動の様々な局面で、どのように判断し行動すると良いのか、チームの他のメンバーの言動を観察して、適応的に振る舞おうとします。これはフェスティンガー（一九五四）が社会的比較理論で指摘した人間の社会性に基づく行動です。人間は、自分がいかなる状況に身をおいているのか正しく把握して、適切な言動をとることに潜在的に動機づけられています。この動機づけが働いて、新たにチームに加わったメンバーは、直面している状況において、チームの一員としてとるべき判断と言動について絶えず学習を積み重ねていくことになります。しかも、もし、チームの規範にはずれるような言動をとった場合には、他のメンバーが忠告やアドバイスを与えてくれたりもします。このようにして、チームで育まれてきたチームワークは、一部のメンバーが入れ替わりながら、それでも継承されていく過程で、チームワークには変容していく部分と安定し定着していく部分とが生まれてきます。チームを取り巻く環境特性に変化が生じれば、それに適応してチームワークも変容を迫られることがあります。チームを老年期の硬直化現象から脱して再成長のループへと導く変革型リーダーシップに関連して紹介したように、チームが優れた成果をあげ続けていくには、チームワークも柔軟に変容していく部分を持っている必要があります。過去の成功や前例に拘泥《こうでい》していたのでは、チームワークの品質は一定のピークを迎えたあとは、劣化の一途をたどることになってしまいます。

その一方で、育んできたチームワークの中で、時間を超え、状況にかかわらず、優れたチーム・パフォーマンスを導く要素については継承することが望まれます。継承されることによってそれらは定着し、安定したチームワーク特性になります。安定したチームワーク特性は、チームの伝統や文化と呼ばれる要素となって、長期にわたってチームワークのレベルアップの基盤となります。

定着するチームワークと変容するチームワーク

チームが存続する限り、連綿と継承されていくことになります。

良い部分は継承しながら、硬直化して時代や環境の変化に適応できなくなっている部分はしっかりと見極めて柔軟に修正をしていくことが、チームワークをより高いレベルへと発達させるためには大切です。チームや組織の変革に際しては、何事も変えることが大事という盲目的な思いこみが先行して、大切に継承していくべき要素までも破壊し捨て去る場合が少なくありませんので、十分に注意が必要です。

チームワークの品質レベル

チームワークが発達することは、その品質の向上をもたらします。チームワークが発達し向上するにつれ、その品質には具体的にはどのような特性の違いが見られるようになるのでしょうか。この点に関しては、理論的にも実証的にもまだ十分な研究成果が得られているわけではありませんが、古川（二〇〇四）の示した、チームワークの三つのレベルを示したモデル（図19参照）は参考になります。

このモデルによれば、初歩のレベル1のチームワークとは、円滑なコミュニケーションによってメンバー間に情報の共有と連携そして協力の体制が整い、円満な人間関係が構築されている状態です。チームとしての結束がとれて、和やかさや温かさが漂う状態であると古川は説明しています。このレベル1でさえ、実現するのはたやすいことではないと思われますが、まだ二段階も上位のレベルが示されています。

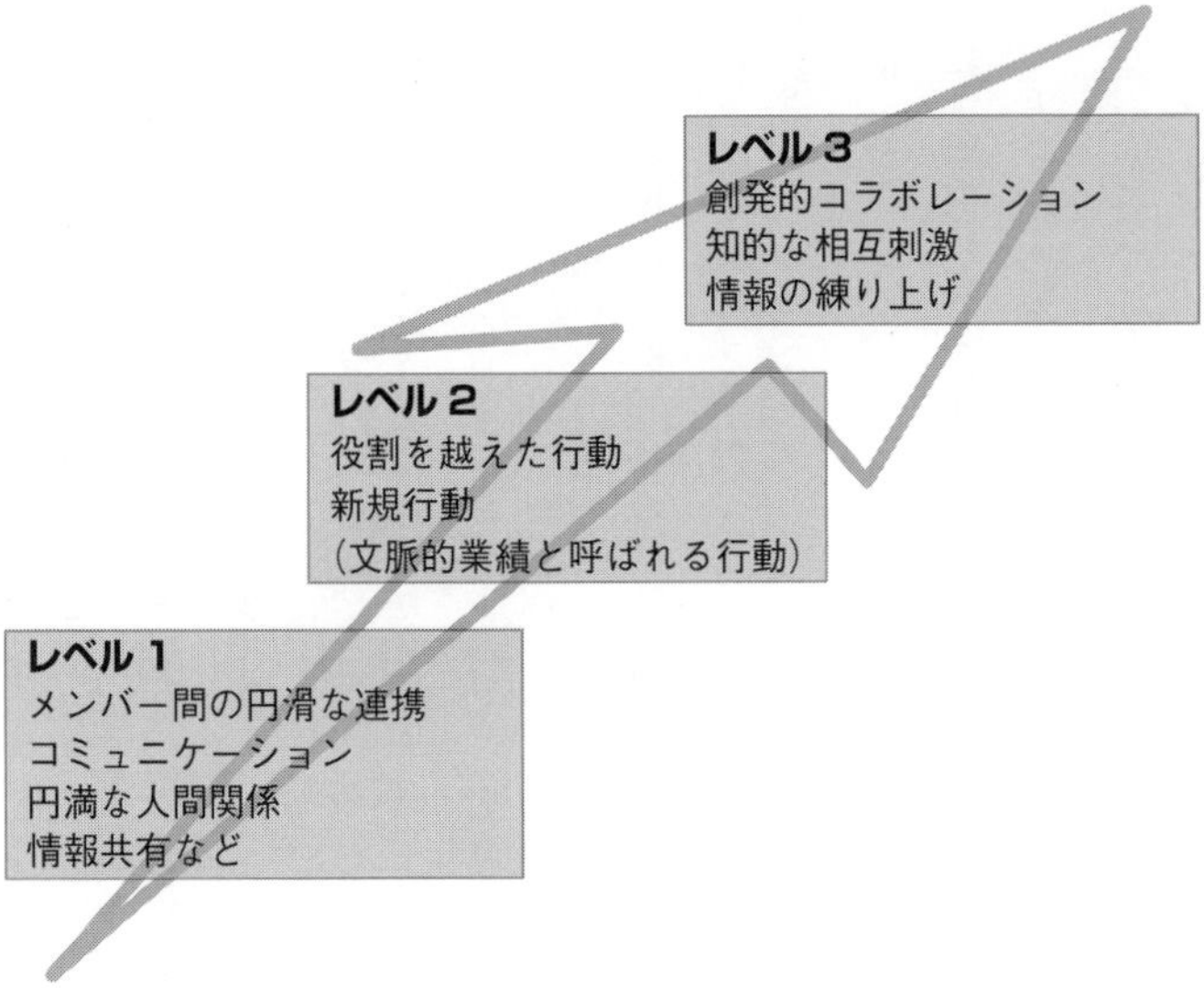

図19　チームワークの３つのレベル（古川，2004より）

レベル2のチームワークは、メンバーがチーム全体の目標達成を視野に入れ、絶えずそれを意識して、自分の役割以外の行動でも進んで実践したり、必要であれば今までにない新しい取組みに挑戦したりする状態です。チームが直面する内外の状況は変動性、流動性に満ちています。それを広い視野で的確に把握し、対応する行動は、チームが存続し成長するために不可欠であり、チームワークそのものをさらに高品質なものに磨き上げていくためにも重要です。柔軟にして建設的な行動を示すという意味で良好な状態であると説明されています。

そして、レベル3のチームワークとは、メンバー相互に知的に刺激しあって、交流し協働しながら、創造的な発想を高め、独創的な成果を生み出す状態です。高品質のチーム・パフォーマンスを生み出すチームワークということができるでしょう。

チーム・コンピテンシーとチームワーク

チームワークの三つのレベルモデルに加えて、筆者はチームレベルのコンピテンシーという視点からも、高品質のチームワークをとらえることができると考えています。近年、個人の目標を達成する力量を表すものとしてコンピテンシーの概念が提示されています。コンピテンシーとは簡潔に表現すると、目標を達成し成果をあげる力量です。この力量を発揮するためには、従来指摘されてきたような目標達成への高い動機づけと十分な知識や技能に加えて、成果をあげることを常に意識して行動に移していく強い意志力をも必要とします。

チームで活動していく過程では、想定していなかった事態が発生したり、ミスやエラーに見舞われたりして、予定通りにことを運べないことも起こります。そんなつまずきや失敗の苦難に直面しても、へこたれず、くじけず目標達成を目指して、成果をあげるチームの力量がチーム・コンピテンシーです。

グローバリゼーションが浸透していくこれからの日本社会において、経済、政治や行政などの社会環境の変動性、流動性は、今後もさらに高まると考えられます。流動性の高い環境のもとでは、思いがけない事態に足下をすくわれて、目標達成が困難になることも珍しくないと覚悟しておく必要があります。

そんな環境でも、チームとして目標達成を希求し、成果をあげていく柔軟で辛抱強いチームワークも、チームワークが発達し、レベルアップしていくときの理想的なモデルとして考えることができます。チーム・コンピテンシーの研究は、まだ理論的な検討の域を出てはいませんが、実証的な検討も始まっており、これからのチームワーク発達の研究において、重要なテーマとなることが期待されます。

4・チームワークの効果性
――チーム・プロセスへの影響

●優れたチームワークの意味するところ――同意反復に注意する

「優れたチームワーク」という表現に潜む落とし穴

第2章でも書きましたが、チームワークに関する研究の多くは、チーム・パフォーマンスとの関係で行われてきました。そこでは、なぜ高度なチーム・パフォーマンスが達成できる（＝結果）のかといえば、その理由は、優れたチームワークが働いているからだ（＝原因）という暗黙の前提が成り立っています。しかし、ここで素朴な疑問が生じます。先ほどとは反対に、なぜ優れたチームワークが働いていることがわかるのだろうか、と考えてみましょう。それは、高度なチーム・パフォーマンスが示されているからであるという答えが返ってきます。これは、原因と結果が互いに入れ替わっただけに過ぎません。チーム・パフォーマンスとチームワークは互いが原因にもなり結果にもなり、同意反復（トートロジー）のループに陥ってしまいます。この問題はどのように考えておけば良いでしょうか。

もともとチームワークとは、チーム・パフォーマンスを高めるためにメンバーたちがとる行動やその背景にある心理を総称したものであるということを思い出す必要があります。チーム・パフォーマンスを高めるための行動や心理なのですから、それが優れていればチーム・パフォーマンスが高くなるのは自明の理です。したがって、優れたチームワークがもたらすものを検討するとき、安直にチーム・パフォーマンスを対象に取り上げたのでは当たり前すぎて意味がなくなる危険性もありますから注意が必要です。

チームワークの効果性を検討する意味

しかしながら、チームワークの概念を明確にして測定を行う取組みが進んだことで可能になる問いがあります。それは、チームワークの優劣は、どのようなプロセスを経てチーム・パフォーマンスに結びつくのか、という問いです。そもそも優れたチームワークとはどのようなものか、その質的な検討は発達論との関係で考えることができます。そのとき重要なのは、個人にそれぞれ多様で特徴的な個性が備わっているように、チームにはチームによって多様なチームワーク特性が存在するということです。チームワークの特性が異なることで、成果として現れるチーム・パフォーマンスの品質や量にはどのような違いが見られるのか、という質的な関係性の検討は重要な課題になります。そして、チームワークとチーム・パフォーマンスの間に存在するプロセスの特徴を明らかにする取組みも重要なものとして視野に入ってきます。

また、高度なスキルの備わった優秀なメンバーでチームを構成しても、期待したようなチーム・パフォーマンスが発揮されないとき、われわれは、ひとくくりにチームワークが悪いからだと断じてしまいがちです。しかし、どのようなプロセスを経てチームワークが機能しないのかを明らかにしないと、同じ問題は繰返し起こります。

実際、どのような特性を持ったメンバーでチームを構成すれば期待通りの結果を得ることができるのかは予測がつきにくいために、現場の担当者は運まかせのギャンブルに近い取組みのように感じている場合が少なくありません。このような問題を克服するためにも、チームワークとチーム・パフォーマンスとの間にあるプロセスの特徴を明らかにすることは重要な意味を持ちます。

前章でチームワークがどのようにして発達するのかを見てきたのを受けて、本章では、チームワークの優劣の様相とそれがチームの活動プロセスにどのような影響をもたらすのかを論じていきます。

●プロセス・ロスとチームワーク

プロセス・ロスとは何か

個人単独では達成できない目標でも集団で取り組めば達成可能になることはたくさんあります。ピラミッドのような巨大な建造物の建築は、個人がコツコツと努力しても不可能だったでしょう。そもそもてつもなく大きくて重い石をどのようにして高いところまで運ぶのでしょうか。一人きりでやろうとしてもできるはずもありません。集団で取り組むからこそ物理的な力も大きくなりますし、知恵を出しあい、励ましあい、それにより勇気が湧いたりもします。ただ、集団として発揮する力は、単純にメンバーの力の総和なのかというと、そうではない場合がほとんどです。多くの場合は、集団として発揮する力は、メンバー個々の力の総和に及ばないことが多いのです。

スタイナー（一九七二）は、メンバー個々の課題遂行能力の総和を集団の潜在的に期待できる課題遂行能力として、実際に集団で課題遂行した場合の結果（パフォーマンス）と比較するモデルを示しています（図20参照）。このモデルによれば、集団のサイズ（メン

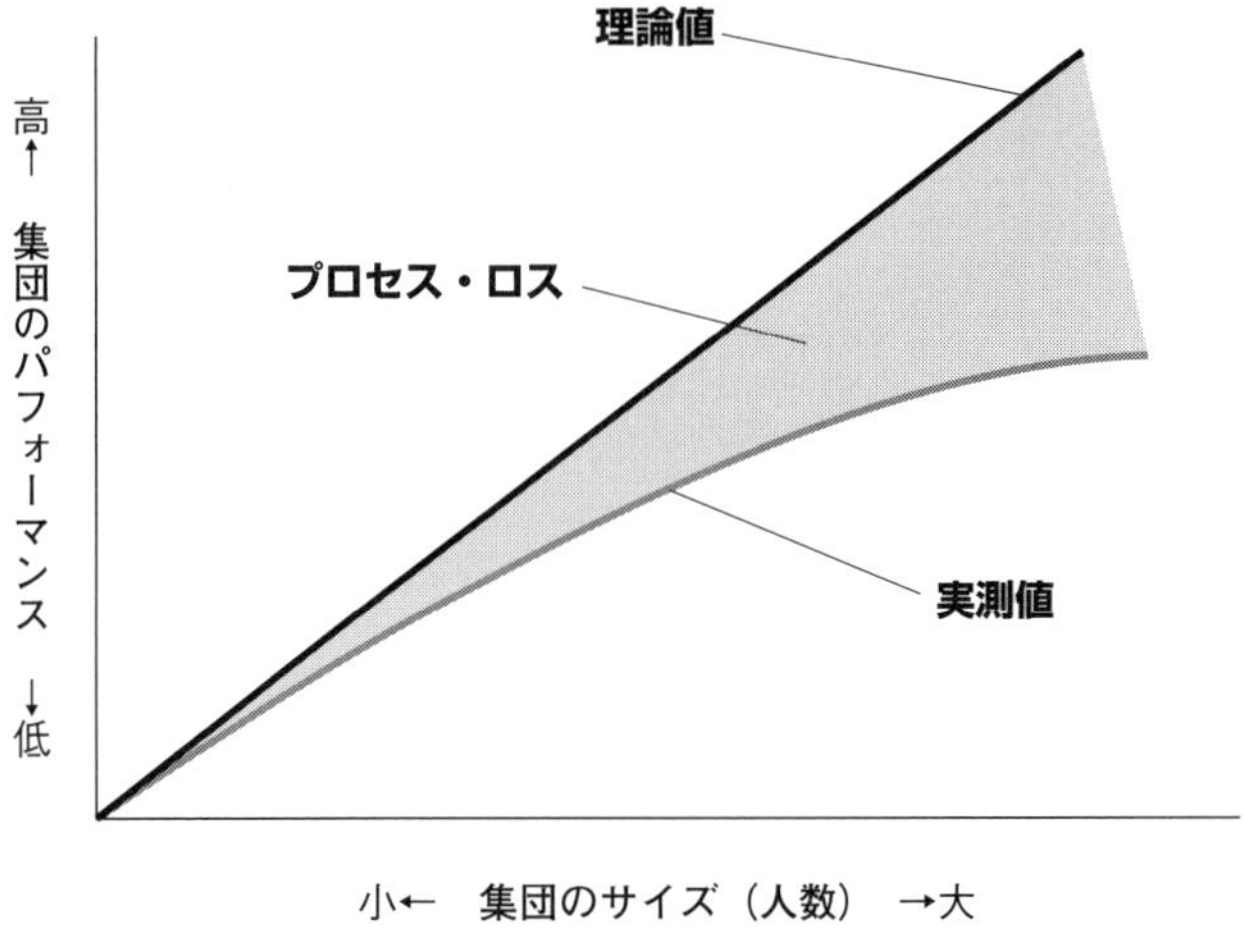

図20　プロセス・ロスの概念図（スタイナー，1972より）

バー数）が大きくなるにつれ、集団として発揮するパフォーマンスは期待される水準よりも劣るものになります。彼は、潜在的に期待される集団のパフォーマンスと実際に達成されるそれとの差をプロセス・ロスと呼んでいます。

優れたチームワークは、メンバー間のコミュニケーションや職務調整に必要な労力を軽くすることが期待されます。この観点から、プロセス・ロスの現象とチームワークの関係に焦点を当てて議論していきます。

プロセス・ロスの発生原因

プロセス・ロスは複数の原因が複合的に作用して発生する現象ですが、スタイナーは大きく二つの原因を指摘しています。第一は「協調の失敗によるロス」です。彼は、ドイツの学者リンゲルマン（一九一三）の行った綱引きを題材とする実験で、チームの人数が増えるほど一人ひとりのメンバーが発揮したパフォーマンスは低くなった結果を再吟味しました。そして、これを協調失敗によるロスがもたらしたものだと論じています。綱引きの場面を想像してみましょう。対戦相手の集団に負けないように、他のメンバーと一緒に効率よく最大の力を発揮するには、タイミングをはかったり、力を入れる方向をそろえたりする協調作業が必要になります。この協調作業が容易なものでないことは、綱引きを経験したことのある人にはよくわかるでしょう。集団の皆で力をあわせる課題では、協調の失敗によるロスは絶えずつきまとうと考えられます。

スタイナーが指摘したプロセス・ロスの第二の原因は「動機づけのロス」です。これは、ラタネら（一九七九）が行った「社会的手抜き（social loafing）」に関する研究によって、その重要性が明確に認識されるようになりました。ラタネらは、実験参加者にマイクの前で拍手をして大きな声を出すように求め、拍手の回数と声の大きさを測定しました。この行動を一人だけで行う条件、二人で行う条件、四人で行う条件、六人で行う条件と比較しました。拍手をしたり大声を出したりする行動は、他の人との協調作業を必要としません。各自ベストを尽くせば良いだけです。拍手なしで大声だけを出す条件も加えて行った実験結果は図21のようになりました。他にメンバーがいるとパフォーマンスは低下し、メンバー数が増えるほどに、その低下は大きくなりました。

動機づけのロスの背後にある心理

ラタネらは、この結果の原因を「責任性の分散」仮説で説明しました。仲間がいると自分の最大限の努力を払わなくても大丈夫だと感じてしまい、ついつい力を抜いてしまうというわけです。

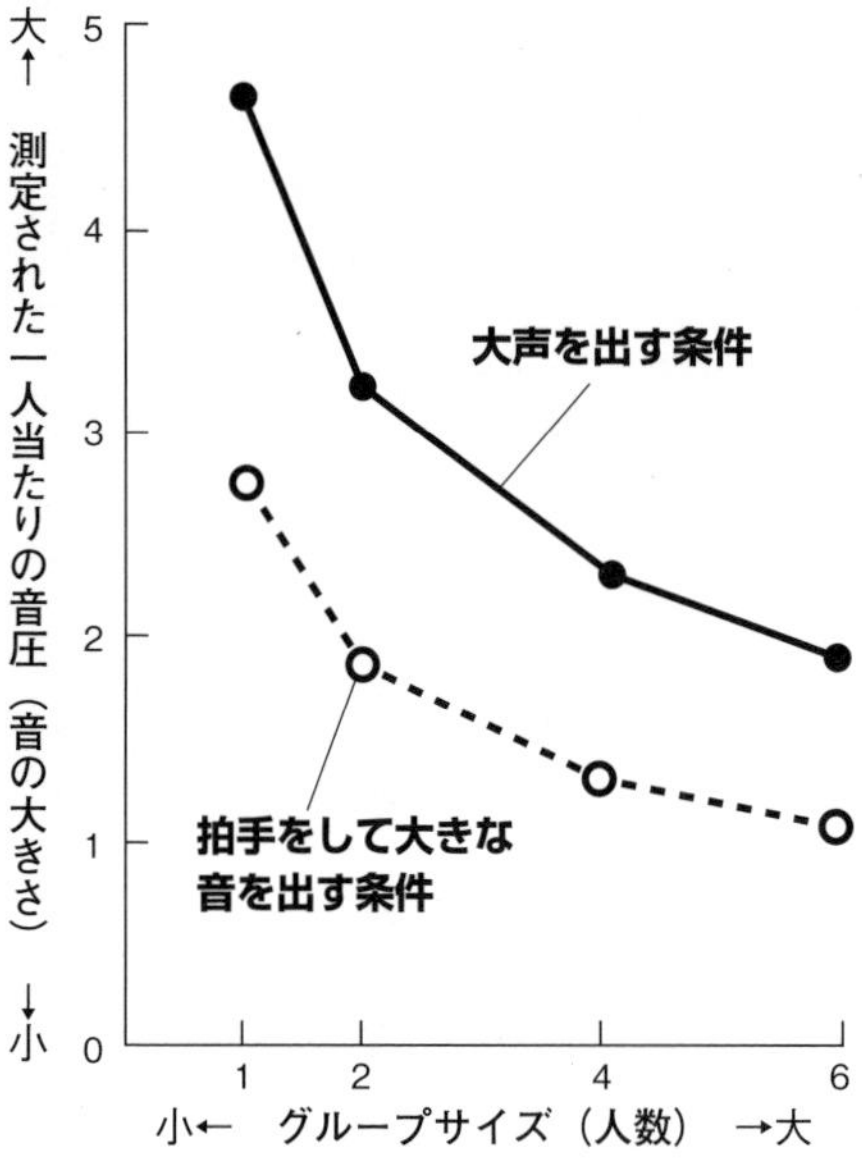

図21　社会的手抜きの実験結果（ラタネら，1979より）

これは意図的な行為というよりも、仲間がいるとほっとしてしまい、ついつい周りに依存してしまうという人間が生来持っている心理的特性が生み出す行動の一つであると考えられます。「動機づけのロス」あるいは「社会的手抜き」と表現されると、やる気を失う現象、あるいは作為的に怠ける現象というニュアンスが強いように感じる人もいるかもしれません。しかし、本質的には自分と同じ境遇にある他者が存在することに気づいて、ついつい安心して全力を尽くさなくなってしまう人間くさい心理現象だといえます。

社会的手抜きの影響は強力で、スタイナーが協調の失敗によるロスが原因だと論じた綱引き場面で見られるプロセス・ロスに関しても、インガムら（一九七四）が追試を行って詳細に検討したところ、動機づけのロスもあわせて働いていたことが明らかになっています。

プロセス・ロスの発生メカニズムは、集団過程において不可避的に働いており、チームによる課題遂行も、これから逃れることは困難です。他のメンバーとのコミュニケーションをとりながら仕事を進めなければならないこと自体、単独で集中して作業に取り組むことに比べて労力を使いますし、生産性の面ではロスが生じることは容易に想像できます。ただ、先述したように、優れたチームワークは、このプロセス・ロスを小さく抑える効果を持つからこそ、優れたパフォーマンスを実現するのではないかと考えることもできます。

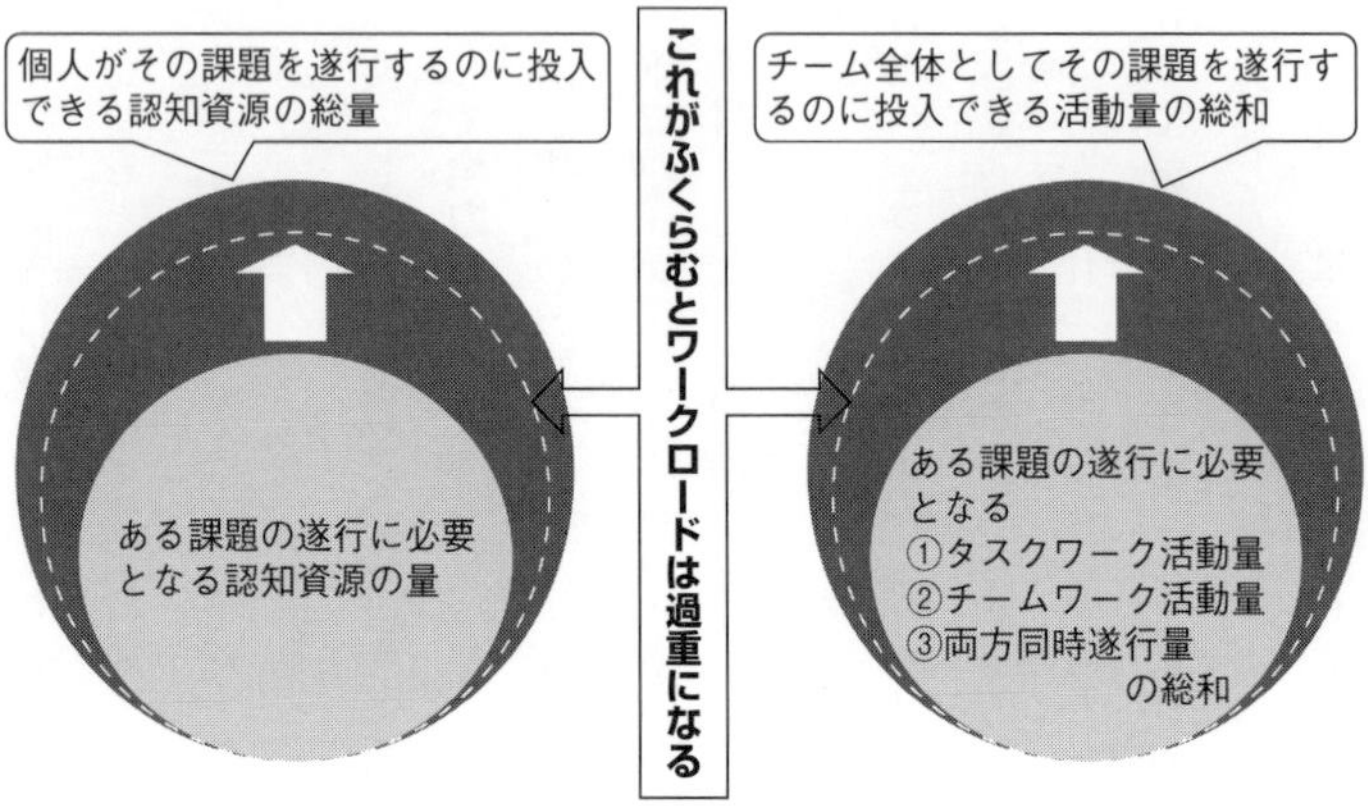
個人がその課題を遂行するのに投入できる認知資源の総量
これがふくらむとワークロードは過重になる
チーム全体としてその課題を遂行するのに投入できる活動量の総和
ある課題の遂行に必要となる認知資源の量
ある課題の遂行に必要となる
①タスクワーク活動量
②チームワーク活動量
③両方同時遂行量
の総和

図22　メンタル・ワークロードの概念図（個人・チーム）

チームのワークロード

プロセス・ロスの概念と関連して、近年、チームワーク研究の文脈で取り上げられるようになってきたのが、「チームのワークロード（作業負荷）」という概念です。古くから個人のメンタル・ワークロード（仕事に取り組む際の心理的な負担感、ストレス）に関する研究は行われてきました（ノーマンとボブロウ 一九七五、ハート 一九八六など。図22参照）。

これは、ある課題遂行のために必要となる認知資源（思考や記憶、努力など）の量に対して、個人がある課題を遂行するのに投入できる認知的な資源の総量との関係で決まるものです。必要な認知資源に対して投入しうる資源の量が限界いっぱいであると、その課題遂行に伴う個人のメンタル・ワークロード（心理的な作業負荷）は大きくて、ストレスを感じるものとなります。

ボワーズら（一九九七）は、ワークロードはチームレベルにも存在すると指摘しています。具体的には、チームがある課題を遂行するために必要となる①タスクワーク活動、②チームワーク活動、③両方を同時に遂行する活動、の三つの活動量の総和に対して、チームが全体として投入できる（遂行することのできる）活動量の総和との関係が、チームのワークロードになります。

必要とされる活動量が、チームとして投入（実践）できる活動量の限界に近いものであったり、それを超越したものであったりすると、チームのワークロードは過重であるということになります。そして、チームのパフォーマンスも十分なレベルに達しないということになります。

リコら（二〇〇八）は、チームのワークロードを適切なレベルに調節することは、チームの目標を達成してパフォーマンスをあげるだけでなく、メンバーが共有するチームに感じる効力感やメンバー間の信頼形成などに影響すると指摘しています。

暗黙の協調によるチームのワークロード適正化

チームのワークロードを適正に調節するには、取り組む課題を、チームの活動水準にあわせて選択することも一つの手ですが、現実はそれを許してくれない場合も多いと考えられます。そうなると、タスクワークを高度に達成する力量をメンバー各自が身につけることに加えて、チームワーク活動を充実させることも大事な取組みになります。

前章でも少しふれましたが、リコら（二〇〇八）は、このときに鍵を握るのが、メンバー間で行われる「暗黙の協調（implicit coordination）」であると主張しています。これは、メンバーたちが話しあって計画を立てたり修正したり、互いの責任を明確にしたり、仕事の完成期日を決めたりする「明示的な調整行動（explicit coordination）」とは異なるものです。会話、相談や交渉など目に見える明瞭なコミュニケーション行動をとるわけではなく、状況に応じて必要となる行動を予測したり、他のメンバーの行動や思考を推測して、互いに自分のとるべき行動を修正したり調節したりする行為を指して暗黙の協調と呼ぶのです。

チーム形成の最初から、メンバーが暗黙の協調を身につけているということは稀だと思われます。第3章でチーム・コミュニケーションの発達と関連して論じましたが、メンバーが長期にわたりチームで活動する経験を積み、互いの間に共有するシンボルが増えてくることで、暗黙の協調は可能になってくるものだと考えられています。

サッカーやラグビーのように、絶え間なく変化していく状況の中で、他のメンバーと協調してプレイしていくチーム競技では、よく「アイ・コンタクト」が大事であると指摘されます。チームメイトと視線を交わしただけで互いの意図を読みとることができれば、チームプレイは流麗で質の高いものになります。目の動き、表情やしぐさなどが、シンボル化して、意味を共有することができるようになることは、暗黙の協調の基盤だといえます。

暗黙の協調の実現は、メンタルモデルの共有や信頼関係の発展も伴いますし、チームワークが円熟する状態を意味しているといえそうです。リコらが強調しているのも、暗黙の協調がチームに備わることで、チームのワークロードは相対的に軽減化され、優れたチーム・パフォーマンスへとつながる点です。

いかにして暗黙の協調はチームに備わるのか

先ほど、暗黙の協調がチームに備わるためには、長期にわたってチームで活動する経験を積むことが必要だと述べました。しかし、ただチーム活動が長期にわたるだけでは、必ずしも優れた暗黙の協調が備わるとは限りません。暗黙の協調を実現させた高品質のチームワークができあがる過程については、大型船の航行ナビゲーション・チームが行う運行作業を観察したハッチンス（一九九〇）の研究報告が参考になります。

ハッチンスの報告によれば、航行ナビゲーション・チームは、メンバーごとに役割を決めた分業体制をとりながら、その分業を有機的に連携させることで安全な航海を実現させていました。具体的には、船の方位を測定する係、その測定方位を記録する係、海図上に船の現在位置を記録する係、といった具合です。確かに役割は分かれていましたが、メンバーは航行に支障がないようにチームとしての責任を果たそうとして、自分の役割を越えて、他のメンバーの役割である作業にも頻繁に介入していたとのことです。そして、それを繰り返す中で、各メンバーの行動は、バラバラに自由意思によって起きるのではなく、他のメンバーの行動と同期するように起きており、チームとしてまとまりのある活動となっていったことが報告されています。

ここで重要なのは、大型船の航行を安全に保つことは、チームの責務であると同時に、メンバー各自にとっても自分の生命と安全の確保がかかった職務であったという点です。メンバーに長期にわたってチーム活動を続けていくだけでは備わらない重要な要素とは、メンバーの抱く「運命共同体」意識だと思われます。他のメンバーのミスやエラーは、チーム全体の失敗につながり、結果として自分の利益を危うくすることを理解する広い視野を持つことだといい換えても良いでしょう。チーム全体の目標達成を強く意識した広い視野を持つことが、各自の役割を越えた行動を誘発し、その結果、互いの心理や行動の特徴を理解しあい、暗黙のうちに行動を調整して同期させることのできるレベルへとチームワークを高めるといえそうです。

各自の役割が定まっていると、葛藤を恐れて、互いに他のメンバーの役割に干渉しようとはしなくなってしまいがちです。それでは、いくら長期にわたってつきあってきたメンバーどうしでも、暗黙の協調によるチームワーク行動の同期など期待できません。一般的なチーム活動は、互いに命をかけるというほどの緊迫した状況でなされることは稀です。したがって、メンバーがチーム全体の目標達成を強く意識した広い視野を持ってチーム活動に参加するように仕向けるチーム・マネジメントの工夫が大事になってきます。

暗黙の協調とチームの創造的パフォーマンス

チームのワークロードに注目するアプローチは、プロセス・ロスを小さくする文脈だけでなく、メンバー個々の力量の総和を超えたパフォーマンスをチームが達成する文脈をも検討の射程にとらえることを可能にします。たとえば、われわれが経験したり、見聞したりしてきたチーム活動を振り返ってみると、プロセス・ロスだけではなく、プロセス・ゲインもあるのではないかという思いが素朴に湧いてきます。

複雑系科学の発展により、メンバー個々の特性に還元することのできないチーム全体の特性が「創発（emergence）」することは、科学的了解事項になってきました。メンバーの力量や能力の総和を越えるパフォーマンス、あるいはメンバー個々のレベルに帰属させることのできない斬新なパフォーマンスが生まれてくる問題に関しては、集団意思決定の分野において集団創造性の研究が行われ、重要な知見が蓄積されてきています。

ただし、チームワークとチームの創造性の関係性について直接実証的に検討した研究はほとんどありません。したがって、ここで詳しく論じることはできませんが、暗黙の協調機能が充実し、チームのワークロードが適正に調節されることで、チームの創造的パフォーマンスは高まるのではないか、というリサーチ・クエスチョンは提示できます。

オカダとサイモン（一九九七）は、近年、ノーベル賞の多くが複数の研究者で構成されるチームに与えられるようになってきていて、中でも二人で構成するチームが多数を占めていることを指摘しました。二者間の場合、互いの役割分担に関する認知共有をはじめとして、コミュニケーションが円滑に、かつ充実した形で成立しやすいと論じています。息のあった二者間のコミュニケーションは、チームワーク行動にかかるワークロードを最小限に軽減するだけでなく、互いの発言や行動が思考を刺激したり、時には互いの認知のズレが創造的な発想を促進したりする効果を持つのかもしれません。とすれば、優れたチームワークは、チームの創造的パフォーマンスを促進する可能性を高く持っているのかもしれません。この点については、これからの研究に期待したいと思います。

●組織のセーフティネットとしてのチームワーク

組織の安全管理とチームワーク

ここまではチームワークがもたらす生産性の側面に焦点を当てて論を展開してきました。しかし、チームワークに期待がかかるのは、生産性の側面だけではありません。医療、福祉、建設、製造、交通運輸、エネルギー開発や治安の維持など、多くの分野において、安全管理の問題が重大な関心を集めるようになっています。

一人ひとりの人間は、どうしてもミスやエラーを犯してしまう存在です。どれほど気をつけていても、緊急事態で急に忙しくなった場合や、疲れて集中力が低下しているときには、うっかりミスを犯したり、思いこみによるエラーを犯したりしてしまうことは、ヒューマン・エラーに関する研究が明瞭に実証してきました（芳賀 二〇〇〇、大山・丸

山 二〇〇一、三浦・原田 二〇〇七など)。この科学的事実を逆手にとって、「人間だから ミスやエラーをするのは仕方がない」と開き直る人もいるかもしれませんが、そのミスや エラーが人の命を左右する危険性を秘めている現場では、そのような無責任なことは口が 裂けてもいえません。

人間工学の研究は、人間が犯しやすいミスやエラーの法則性を明らかにして、個人のミスやエラーが重大な事故につながらないように様々な機械的装置、機器のデザイン、使用ルールを開発してきました。そして、その成果は、わが国の産業現場の事故防止に多大な功績を残してきました。しかし、航空機の整備ミスや医療事故が相次いで報道されていることからもわかるように、産業事故は起こり続けています。むしろ昨今では、安全が脅かされていることへの不安は高まる一方です。どのようにすればヒューマン・エラーに端を発する事故を防ぐことができるのでしょうか。

ここで期待されるのが、チームでミスやエラーを防ごうという視点です。個人に対して自覚と責任を求めることやヒューマン・エラーの罠に陥らないようにスキルを身につけてもらうこと、さらには職務遂行の手順を工夫することは、おろそかにしてはいけない絶対に必要な取組みです。しかし、それでもミスやエラーは起こりうるということを念頭において、チームのメンバーが互いに他者の言動に注意を払いあい、もし間違いがあれば指摘して、確認しあい、修正することで、個人レベルで起こったミスやエラーが、チームレベルあるいは組織レベルの事故へと発展するのを防ごうというわけです。このようなチームワークによるセーフティネット構築の取組みは、組織の安全管理や危機管理の領域で現在注目を集め、重視され始めています（サラスら 二〇〇一、山内・山内 二〇〇〇）。

チーム・エラーの落とし穴

サラスら（二〇〇一）は、効果的なチームワークがヒューマン・エラーを低減させ、複雑でストレスフルな環境において安全な作業条件を維持する際に威力を発揮すると述べ、チームワークの価値はあらためて問うまでもないと論じています。しかしながら、第2章で見てきたように、チームワークの要素には、チームとしてのまとまりを希求する心理的な変数が含まれており、それがチーム・エラーの落とし穴を作り上げてしまう場合があるので安心はできません。

チーム・エラーとは、チームで職務を遂行する過程で発生するチームとしてのエラーです。特定のメンバーが単独で引き起こすというよりも、メンバーが相互にエラーやミスを犯すことで、チームの責務を果たせず事故を引き起こしてしまうようなエラーを指します。佐相とリースン（一九九九）は、チーム・エラーの発生メカニズムを図23のような三段階モデルで説明しています。

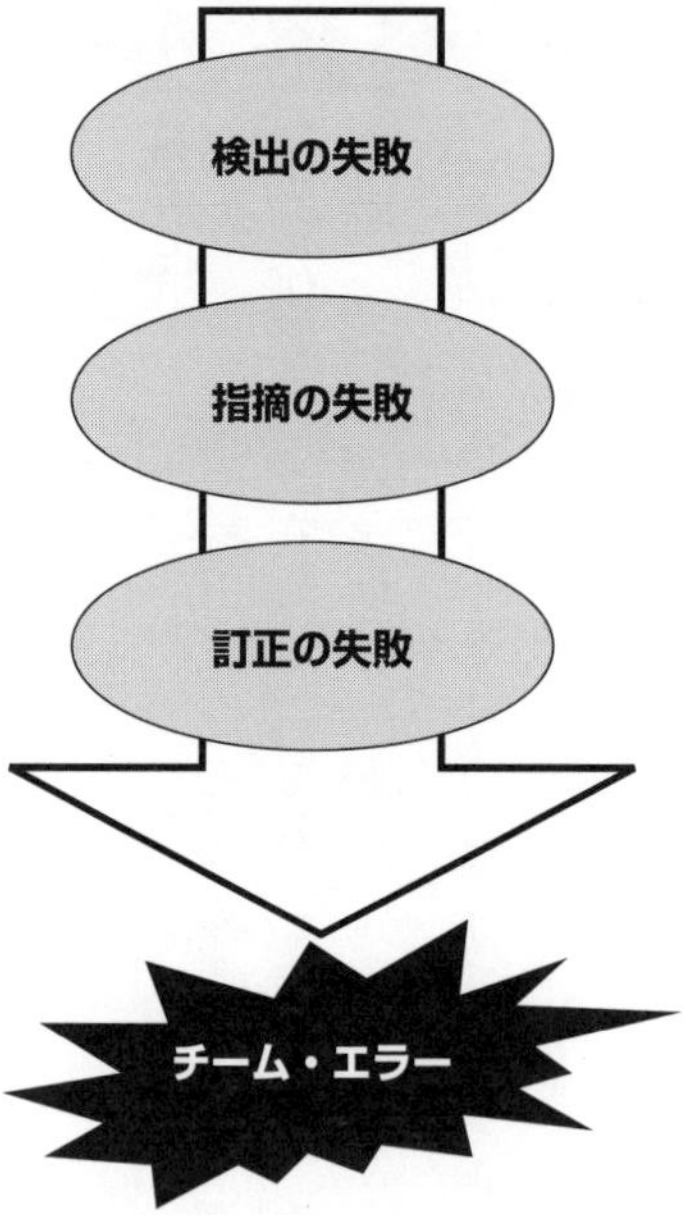

図 23　チーム・エラーの発生過程モデル（佐相とリースン，1999 より）

第一段階は「検出の失敗」です。メンバーの誰かがミスやエラーを犯したときに、他のメンバーが誰もそれに気づかない場合がこれです。誰も気づかなければ、個人のミスやエラーはそのままチームのミスやエラーに直結してしまいます。

個人ではヒューマン・エラーのメカニズムから逃れることが難しいからこそ、チームでメンバー相互にサポートしあって事故を起こさないようにしようとします。しかし、この検出の失敗は意外と起こりやすいものです。というのも、社会的手抜きに関して述べた際、同じ境遇にいる他者の存在が、ついつい周囲に依存してしまう個人の心理を誘発することを紹介しました。チームで活動する状況では、「自分が気づかなくても誰かが気づいてくれるだろう」という甘えにも似た気持ちが働きがちです。ひどい場合には、「もしチームが失敗しても、自分一人の責任ではない」という責任感の希薄化さえ起こりえます。

社会的手抜きの心理は、チーム活動のいたるところで潜在的に働くと考えておくほうが無難です。加えて、チームでは、各人が役割と果たすべき職責を与えられています。自分の仕事に集中するあまり、他のメンバーの様子までは注意が向かず、ミスやエラーを見逃しやすいものです。検出の失敗の背後には、このように誰もが容易に陥る心理が働いています。そこで、人間が生来持っている心理的特性に十分配慮したチームワークづくりが大切になってきます。

第二段階は「指摘の失敗」です。他のメンバーがミスやエラーを犯した（あるいは、犯そうとしている）ことに気づいた場合には、それを指摘して、訂正させる必要があります。その指摘を行わないのが、指摘の失敗です。せっかく気づいたのですから、即座に指摘すれば良さそうなものですが、現実には、この指摘の失敗は最も起こりやすく、チーム・エラーの強力な原因であることがわかってきています。

なぜ指摘の失敗が起こるのかという理由を検討するために、看護師チームを対象とした興味深い研究が行われています（大坪ら 二〇〇三、山内ら 二〇〇一など）。そこで明らかになったのは、対人的葛藤を回避しようとする心理が強く影響を及ぼしていることです。すなわち、ミスやエラーを指摘することで相手の気分を害して人間関係がぎくしゃくすることを避けようとして、意図的に指摘しないようにするわけです。

深刻で緊急性の高いミスやエラーに気づいた場合には、ほとんどの人が迷わず指摘すると答えています。しかし、他方で多くの人が、緊急に対応すべきミスやエラーでなければ直接指摘するのは避けて、必要ならば自分自身で訂正をしてしまうと答えています。指摘を回避する傾向には、チーム内の権威構造や秩序を崩すまいとする権威勾配の心理の影響も色濃く読みとれます。自分の後輩や同期のメンバーには率直にミスやエラーの指摘をできるのに、先輩や管理者、あるいは高度な専門性を持つ人に対しては遠慮してしまうと答えた人が多数にのぼりました。

良好な対人関係はチームワークの基盤であり、目標達成のために互いの役割や職責を尊重しあうこともチームワークを効果的に発揮するために重要です。しかし、円満な人間関係を優先するあまり、発生したミスやエラーを指摘せず、チームを失敗に導くとしたら本末転倒になってしまいます。ただ、理性ではよく理解していることでも、感情的に人間関係を阻害することには恐怖を感じてしまうことも理解できます。

指摘の失敗を克服するには、互いに感じたことや思うことを率直にいいあえる、自由でのびのびとしたチーム文化を育むことが大事になってきます。その鍵を握るのは、ミスやエラーの指摘に対して互いに感謝しあう高度なチームワークの育成です。最近では、主張性（assertiveness）を獲得するためのアサーション・トレーニングも開発されてきており（沢崎・平木 二〇〇五など）、効果が期待されています。

第三は「訂正の失敗」です。指摘しても訂正がなされなければ意味がありません。また、指摘があった以上、訂正することはそれほど困難なことであるとも思えません。しかし、ここでもわれわれの何気ない心理が、この失敗を引き起こしてしまいます。

ミスやエラーを指摘されても、どのように訂正すれば良いのか明確でなければ、訂正のつもりでまた間違った対処をしてしまう可能性があります。指摘した人は、それで自分の責任は果たしたと思って十分に確認しないことも起こりえます。さらには、指摘された人がミスやエラーをごまかしたり、訂正しなかったりすることさえも起こる場合があります。

人間は自分を正当化して、高い自己評価を維持しようとする心理的傾向を持っています。専門性があり権威も高い人ほど、自分のミスやエラーを認めることに拒否的な感情を持ってしまいがちです。官公庁において不祥事が発覚した場合や、一流の大企業が不良品を市場に出してしまった場合に、その事実をなかなか認めようとしない事例がたくさんあることを思い起こしてみてください。リコールを隠す、責任を子会社に転嫁する、頭を下げつつも何とか失敗を認めなくても済むように無理な論理を主張するといった責任者もたくさんいます。率直にミスやエラーを認め、的確な訂正が行われるように促進する働きかけは、素朴ですが重要な意味を持っています。ここでもメンバーどうしの相互作用のあり方に影響を及ぼすチームの文化や風土の働きが注目されています。

チームワークでチーム・エラーを克服できるか

航空機の操縦士チームや航空管制チーム、手術チーム、発電所の運転チームなど、様々な職務チームを対象に、安全管理を確保するための人的資源管理のトレーニング技法が検討され、開発が進められています（サラスら 二〇〇一）。チームワークによって組織の安全管理を確保しようとする視点は、現実の問題解決をはかるときに有効であることは間違いないといえそうです。たとえば、サラスらは、高度なチームワークはヒューマン・エラーを抑制することを当然の前提としたうえで、各種人的資源管理のトレーニング技法の開発に取り組んでいます。

しかし、優れたチームワークは、ヒューマン・エラーの発生を抑える効果を本当に持つのでしょうか。チーム・エラーの発生メカニズムを吟味すると、チームワークの基盤である円満な人間関係は、ともすると指摘の失敗を引き起こす可能性を高めることを示唆しています。チーム・エラーも、われわれの何気ない心理が生み出すヒューマン・エラーが引き金になっています。チームワークでチーム・エラーを克服することはできるのでしょうか。

筆者ら（大塚ら 二〇〇六）は、約一二〇〇のベッド数を持ち三十三の病棟（チーム）を抱える大規模な総合病院に勤務する七〇七名の看護師を対象に調査を行い、この問題について検討しました。調査は、回答者が所属する病棟のチームワークについて評価をしてもらいました。それとは別に、各病棟で発生しているインシデント（事故にはいたらなかったが、問題のある事態。ヒヤリハット（ヒヤッとしたりハッとしたりする経験）と呼ばれることもあります）の報告数を調査しました。インシデントは、その深刻さに応じて、軽いもの（レベル0）から重いもの（レベル3）まで分類がなされていました。

結果を分析した結果、チームワーク評価の高い病棟ほどインシデント報告数は少ないことがわかりました。一般に、インシデントの報告数が多い病棟ほど、隠し事をしない風通しの良い病棟であるという見方がなされています。したがって、チームワークが良いほどインシデント報告が少ないという結果は、医療現場の人たちにはにわかに納得できるものではありませんでした。

そこで、看護師へのインタビューやデータの詳細な再分析を行って、より丁寧にこの結果を吟味しました。その結果、①全体にインシデント報告のほとんどがレベル0の軽いもので占められていたのに、チームワークの良い病棟では、このレベル0のインシデント報告数が少ないこと（深刻なレベルのインシデントは報告数が少なく、病棟による差も見られませんでした）、②インタビューの結果、レベル0のインシデントになりそうな些細な出来事については、チームワークの良い病棟では、メンバーが互いに気づいたら、すぐに対処していて、報告するほどの事態にならないことが多いこと、がわかりました。もちろん、時間にゆとりがあれば、些細なことでも報告するのが理想でしょうが、猫の手を借りても足りないほどに忙しい業務を遂行している看護師たちにとって、レベル0にもならないほど軽いインシデントについて報告するほどの時間のゆとりはないのが実情なのです。

すなわち、チームワーク評価の高い病棟では、検出、指摘、訂正が的確になされ、チーム・エラーが克服されているがゆえに、インシデントの報告も少ないという結果が生まれていたわけです。この調査結果だけで、決定的に一般化した結論を出すわけにはいきませんが、良好なチームワークはチーム・エラーの発生を抑える働きをする可能性は高いといえそうです。さらに実証的検討を積み重ねて、チームワークのどの要素がチーム・エラーの発生を抑制するのかが明らかになれば、チームワークによって組織の安全管理を拡充する取組みをより効果的に進めることができると考えられます。

●メンバーのメンタル・ヘルスとチームワーク

メンバーのメンタル・ヘルスに注目する理由

最後に、まだ十分な研究成果があがっているわけではありませんが、その重要性ゆえに、今後、活発な研究が行われると思われるチームワークとメンバーの「メンタル・ヘルス（精神的健康）」の関係について、簡潔に論じておきます。

優れたチームワークが高度なチーム・パフォーマンスを導くことは確かだとして、それによってメンバーのメンタル・ヘルスも良好に保たれるものでしょうか。チームの目標達成を優先するあまり、個々のメンバーは辛い思いをしても我慢しなければならない状況が生まれていないのでしょうか。わが国のみならず、世界中で職務ストレスは大きな社会問題になっています。メンタル・ヘルスを害してしまった人への対処はカウンセリングや精神医学の専門家にゆだねるべきですが、そうなる前に、元気にやる気を持って仕事に取り組む環境を整えることも大事です。品質の高いチームワークを育むことで、メンバーのメンタル・ヘルスを向上させ、良好に保つことができるものなのか、チームワークの効果性を論じる中で、新たな課題となっています。

チームワークとメンバーのストレスの関係

優れたチームワークは高度なチーム・パフォーマンスにつながる可能性が高く、その結果、チーム活動に対するメンバーの満足度も高くなることが指摘されています（サラスら 二〇〇一など）。筆者らが行った調査研究の中でも、看護師の所属する病棟（チーム）のチームワークに関する評価が、コミットメントやモラールを媒介して、看護師の離職希望の強さに関連していることが示唆されました（三沢ら 二〇〇六）。強い離職希望は看護師の職務ストレスの強さ、換言するとメンタル・ヘルスの悪化を反映する指標です。結果を見る限り、チームワークが良好であることは、看護師の離職希望の低さにつながっていました。チームワークを良好に育むことが、メンバーのメンタル・ヘルスの向上につながるということを間接的ながら支持する結果であるといえるでしょう。

しかしながら、チームワークとメンタル・ヘルスとの関係については、まだ必ずしも科学的に明確になっているとはいえない状況にあります。実証的検討を行うに際して、留意すべき点が多数存在することが、実証的検討を慎重にさせている側面もあります。たとえば、良好なチームワークの要素の中に、メンバー間のコミュニケーション、心理的サポート、知識や感情の共有度など、メンバー間で築かれている円満な人間関係もすでに含まれていることが考えられます。そして、メンバーの感じるストレスの低さは円満な人間関係と密接に相関することが予測されます。このように良好なチームワークをそれぞれに異なる側面で切り取ってみただけの分析になってしまわないように気をつける必要があります。さらには、メンバーの良好なメンタル・ヘルスが優れたチームワークを育むのか、優れたチームワークがメンバーの良好なメンタル・ヘルスを実現するのか、という問いもあります。

先述したように、現実のチーム活動の場面で、安全管理と同様、メンバーの健全なメンタル・ヘルスの実現も重要な課題です。今後、チームワーク研究の中で、ますます注目され、活発な研究が進められるテーマであると考えられます。

5・優れたチームワークを育むには

●チームワーク育成のポイント

優れたチームに備わる条件

本書では全編にわたってチームワークの重要性を論じていますので、チームワークさえ優れていればチームも優秀な成果をあげると考えがちになります。しかし、メンバー個々の持っている課題を遂行する力量が不足していれば、どれほどチームワークを優れたものに高めても、チームとして優秀な成果をあげることは、なかなか困難です。同様に、チームの目標が不明瞭だったり不適切だったり、目標は明確でも、それをどのように達成していくのか具体的な手順や方法が曖昧だったりしたのでは、チームの目標達成はおぼつかないものになってしまいます。

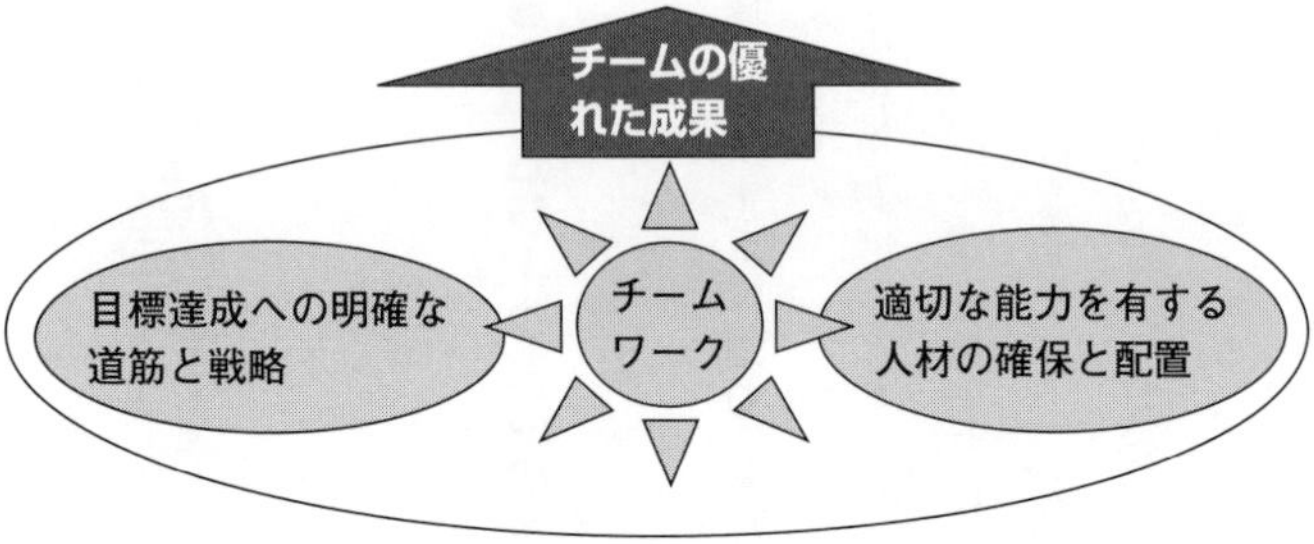

図24　チームが成果をあげるために必要な３要素

チームが優れた成果をあげるためには、図24のように三つの要素が備わっていることが大切です。チームとして達成すべき目標が明確で、その道筋や手順も明瞭であることは、チームの根幹をなす重要な要素です。また、チームで取り組む課題に対して適した能力を持っている人材を的確に配置することも大事です。野球のキャッチャーとしてどれほど秀でた能力を持つ人であっても、いきなりサッカーのゴールキーパーを担当しろといわれたのでは困惑してしまいます。チームで効率的に課題を遂行するために必要となる役割や職務を明確にして、その役割を全うするのに適した人材を配置することは極めて重要です。

一般的には、明確な目標設定と的確な人材配置が実現すれば、自ずと良好なチームワークが醸成されていくことも多いでしょう。したがって、この二つの要素をいかに高度に整えるかに重点を置いたチームづくり論も可能ですし、のちほど紹介するような優れた方法論も存在します。ただ、社会がダイナミックに変容する流動性に富んだ時代を迎えている現実を考慮すれば、優れたチームワークを育むところまで視野に入れてチームづくりを検討することが是非とも必要であると、筆者は考えています。

チームのコンピテンシーという考え方

チームを取り巻く環境が安定しているのであれば、設定した目標の達成に向けて、着々と課題を遂行していくことが可能であり、その過程で良好なチームワークが自然発生的に醸成されることも十分に考えられます。しかしながら、流動性の高い社会環境のもとでは、思いもかけない事態が発生して、想定したような課題の遂行の仕方では目標を達成できない状況に陥ることや、失敗してしまうこともありえます。そのようなつまずきや失敗に直面したとき、自分たちの行動を修正、調整して、逆境にへこたれることなくチームで目標達成を目指すことができるかどうかは、チームの優劣を分ける決定的な要素になります。そんなチームのレジリエンス（resilience：困難な環境を生き延びる適応的な能力）を生み出す源泉は、チームワークにあると考えられます。

想定外の苦難に陥っても何とか目標を達成していく力量については、近年、課題を完遂する能力を指して用いられることの多い「コンピテンシー」の概念がよく当てはまります。コンピテンシーの概念に関しては、多様な見解があり、時に混乱もありますが、ここでは古川（二〇〇四）が提示している「業績直結能力」を念頭に置くことにします。個人の場合、確実に目標を達成し成果をあげるには、知的能力やパーソナリティが適しているだけでは不十分なときがあります。何としても目標を達成しようとする意思の強さとそれを具現化する行動力が必要になるのです。意思力や行動力、あるいは柔軟な思考力までも含んだ「成果をあげる力量」がコンピテンシーです。

コンピテンシーは個人レベルで検討されてきた概念ですが、チームレベルの力量としても取り上げることのできる概念です。そして、これからの流動性に富んだ社会環境の中で、チームが優れた成果をあげていくために必要とされるチームの力量を検討するうえで、大切な視点をもたらす概念です。

チームワーク育成主導型のチーム強化は可能なのか

チームのコンピテンシーを高める取組みは、主にチームワークをターゲットとするものになります。効果的なチームづくりの方略を考えるのならば、明確な目標設定と的確な人材配置の二要素に留まらず、もう一歩踏み込んで、優れたチームワークの育成を視野にいれて検討することが大事であると述べた理由はここにあります。また明確な日標設定については、努力によって実現できるとしても、的確な人材配置については、現実にはなかなか思うようにはいかないことが少なくありません。今現在のメンバーで構成されたチームで、最大限の力量を発揮するためにはチームワークが大事になることは明白です。この点でも、チームワークの育成方略の検討は重要な意味を持っています。

ただ、優れたチームワークの育成を最優先に考えてチームの強化方略を検討することは、口でいうほどたやすいことではありません。チームワークは目に見えない要素を多様に含んでおり、様々な働きかけが、どのくらい効果をもたらしたのか、明確に把握するのが難しいことは第2章で見てきたとおりです。また、日常のルーチン・ワークの円滑さと生産性の高さをもたらすチームワークと、緊急時や困窮時におけるレジリエンス、意思力、思考力、行動力をもたらすチームワークとは、異なる位相にあることを念頭においてチームづくりを考える必要もあります。

ここでは、これまでに提示されてきた具体的なチームづくりの方略について紹介しながら、優れたチームワークを育む効果的な方法があるのか、あるならばどのような点が重要な鍵を握っているのかについて議論していきます。

ほとんど同じ意味で使われることもありますが、チーム・デザインとチーム・ビルディングには、微妙とはいえ、重要なスタンスの違いがあります。

●チームづくりに関する多様なアプローチ

チーム・デザインとチーム・ビルディング

チーム・デザインは、チームの目標を設定し、メンバーの役割配分を行い、課題遂行の手順やルールを決めて、適切な人材を集めるところまでを意味しています。それに対して、チーム・ビルディングとは、本来、メンバー間で円滑な相互作用が行われるように刺激したり、効果的なリーダーシップが発揮されるように教育を行うなど、まさにチームが目標とする姿に完成するまで、様々な働きかけを行う取組みを指します。

前者は、デザインしたチームの中に醸成されてくるチームワークについては直接の介入を行うわけではありません。優れた設計をしておけば、チームによる活動が継続される中で、自ずと良好なチームワークが形成され発達すると考えます。このアプローチは、「組織は、その活動を通して、様々な情報を取り入れ、仕分けや分類、選別を行い、必要に応じて統合して、蓄積し学習していく存在である」と考える「学習する組織論」（ガーヴィ

ン 一九九三、センゲ 一九九〇など）や、複雑系を基盤とする「自己組織化論」（カウフマン 一九九九）と共通する視点に立つものです。

これらの理論は、卓越したリーダーシップによってまとめあげる組織よりも、メンバー間の自律的な相互作用によって運営される組織のほうが生産性や創造性の豊かなものになると主張します。チーム・デザインのアプローチは、自己管理型チームの手法やＦＦＳ理論に基づく手法など、刺激的なチームづくり方略の開発を促進してきました。のちほど、これらの手法について概説します。

後者のチーム・ビルディングのほうは、メンバー間の相互作用にも介入して、チームが目標とする力量を備えた存在に成長するまで見届けるアプローチです。チームワーク・トレーニングやリーダーシップ・トレーニングを企画し実施したり、日々の活動の中に、チームワークを向上させるためのゲームなどを取り入れた短時間のカンファレンスを実施するなどの取組みを行います。このアプローチは、とりわけ、安全管理をミッションとするチームづくりの場面で活発に行われています（サラスら 二〇〇一）。チームとしてとるべき行動のシナリオがきちんとあって、それを実践する力量をチームとして身につけることを主眼に置くときに採用されることが多いといえそうです。後段で、チーム・ビルディングの手法についても概説します。

●チーム・デザインの視点に基づくチームワーク育成

自己管理型チーム

自己管理型チーム（self-managing teams）は、アメリカで一九八〇年代後半に活発になり台頭してきたチームづくりの手法です。この手法の発展には、背後で日本が一役買っています。そのころ、日本は世界でも屈指の経済大国に急成長していて、アメリカではジャパン・バッシング（日本たたき）の現象が起こり、日本人異質論なるものが吹聴されたりしました。アメリカ人にしてみれば、組織のために自己犠牲を払い、忠誠心を発揮して団結して働く日本人の行動と心理は理解不能だったというわけです。そして、団結してチームワークで高い競争力を発揮する日本に対して、アメリカでもチームとしての競争力を高めることが組織経営の重要な課題であると認識されていきました。そのような中で、提唱されてきたのが、自己管理型チームの方法論です（コーエンら 一九九六、カークマンとシャピロ 一九九七、マンツとシムズ 一九八七、山口 二〇〇三など）。乗川（二〇〇五）によれば、同様の手法は、すでにチェコスロバキアの自動車関連製品開発会社であるバーチャ社において一九二五年以降、採用され成功を収めていたとのことですが、アメリカにおいてあらためて注目されたといえるでしょう。

一言でいえば、自己管理型チームの手法は、チームのミッション（最終的にあげるべき成果）とチームのメンバー構成については、組織の管理者があらかじめ準備しますが、それ以外の、チームの短期的な目標、リーダーの選定、各自の役割と責任の配分、仕事の進め方やルール、さらには場合によっては、メンバーの業績評価とそれに基づく報酬の分配から昇任や昇給の決定まで、すべてチームのメンバーで話しあって決定し、チームを運営していく方法です。

従来は、組織の管理者からトップダウンで指示されてきたことを、自分たちで話しあって自律的に決定し、自らの手でチームを運営していくシステムにすることで、各メンバーがチームの一員としてチームの目標達成に強くコミット（関与）する心理を強め、チームワークの形成、発達、成長を促進することを目指すのがこの手法です。チームが目標を達成し利益をあげることと、チームの仲間との円滑な人間関係を保つことが、昇任や昇給など、個人の利益につながる仕組みは、メンバーが職務に取り組む際の意識や視野をチームレベルの広いものにして、良好なチームワークを育成するのに有効な方法として注目を集めました。

コーエンとレドフォード（一九九四）はこの手法の理論的妥当性を実験によって確認し

ています。さらに、コーエンとベイリー（一九九七）やスプレイツァーら（一九九九）の研究によって、ホテルなどサービス業の組織を中心に、自己管理型チーム・システムの導入が組織の効率性向上をもたらした例が報告されています。それまでワークグループに対しては、ただ一緒に働くだけの単なる作業集団・職場集団としての認識が主流でした。自己管理型チームの手法は、そのワークグループをチームとして機能するように育て上げる取組みとして本格的な関心を引き寄せました。

しかしながら、自己管理型チームの手法を導入してもうまくいかない事例も少なくありません。というのも、チームで仕事をしていれば、役割の違い、価値観の違いや仕事の進め方に関するポリシーの違いなど、メンバー間に意見や利害の食い違いによる葛藤が発生することは避けられません。ましてや、各自の昇任や昇給など、とてもデリケートなことがらまで皆で話しあって決めるとなると、葛藤はすぐに紛争に発展して、チームワークを脅かすことになります。

チーム内葛藤の健全な解決は、どのようなチームにとっても難問です。自己管理型チームにはこの葛藤のリスクが高くつきまとうため、ミッションとメンバー構成を決めて、あとはチームの自律性に任せて見守るだけでは、優れたチームワークを育み、期待するチームの姿に作り上げるには不十分な場合が多いと考えられます。

FFS（Five Factors & Stress）理論とは、小林恵智が一九七九年から米国国防機関と共同開発したチームづくりの方法論で、人事関連費用（人件費や教育訓練費など）を抑制しながら組織の生産性をあげることを可能にする組織経営の理論体系として提唱されました。近年、チーム・ビルディングの際に応用できることが主張され、実践に移されています（小林 二〇〇七）。

FFS理論に基づく方法

FFS理論では、個人の思考行動のパターン（小林は個性と呼んでいます）を五つの要素に分解して、一人ひとりの思考行動に各要素が影響を及ぼす強さを、質問紙法によって測定して得点化します。得点は高いほど、その要素がその人の思考行動に強く影響を及ぼすことを表します。五つの要素とは次の通りです。なお、人格の構成要素として有名なビッグファイブ仮説（ゴールドバーグ 一九九九など）の五要素とは異なるものですので、注意が必要です。

（a）凝縮性……自らの価値観を固定、強化しようとする「思い入れ」の因子。
（b）受容性……外部の状況を受け入れようとする「思いやり」の因子。
（c）弁別性……自己の内・外の状況を、適・不適と相反分別しようとする「分別」の因子。
（d）拡散性……自らを拡張、発展させようとする「攻め」の因子。

（e）保全性……自らを保全、維持しようとする「守り」の因子。

質問に答えることで、回答者は各要素について〇点～二十点の範囲で得点を知ることができます。どの要素は高得点で、どの要素は低得点なのかをチェックすることで、個人の思考行動の特徴、すなわち個性を把握できることになります。

そうして把握される個性はいくつかのタイプに分類できますが、よく用いられているのは四つのタイプに分類する方法です。代表的なタイプ分けとして紹介されている人材ポートフォリオ分類を図25に示しました。ポートフォリオとは、縦軸に市場成長性を、横軸に市場占有率をとり、縦軸の中央と横軸の中央で分割して2×2の四象限のマトリックスで表現するものです。市場成長性とは、取り組んでいる仕事の将来性や成長性を意味します。上に行くほど成長性は高い仕事だと考えて良いでしょう。また、市場占有率とは、その仕事全体に対して自分が担当する割合を意味します。右に行くほどその仕事をする人は自分しかいない割合が高く、左に行くほど他にもその仕事に携《たずさ》わる人が多いと考えて良いでしょう。四つのマトリックスはそれぞれの特徴に応じて、①リーダーシップタイプ（組織先導型）、②タグボートタイプ（集団先導型）、③マネジメントタイプ（改善支援型）、④アンカータイプ（状況保全型）と表現されています。

このようにしてメンバーの個性を把握したうえで、チームのミッションを達成するのに

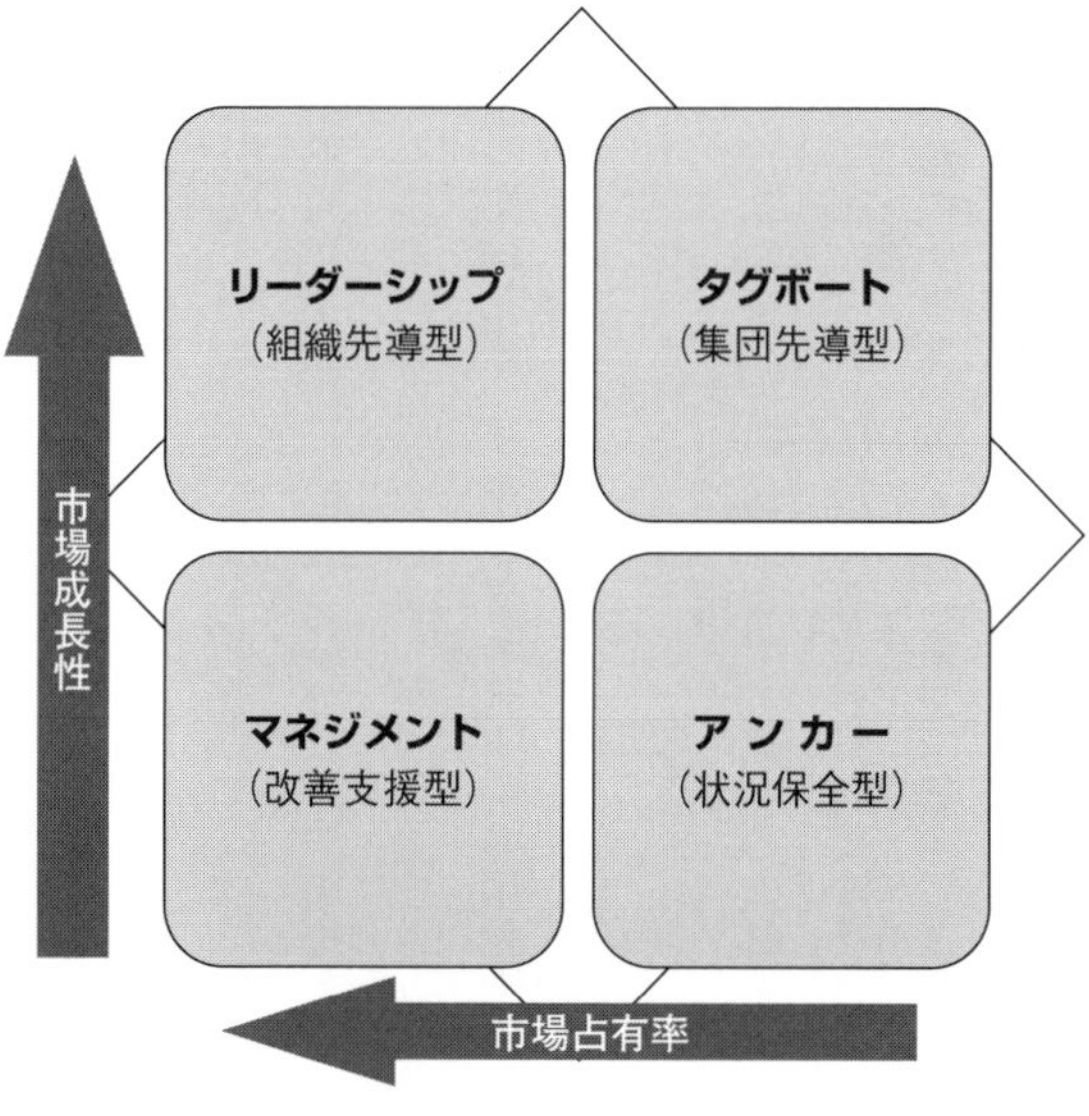

図25　FFS 理論で用いられる人材ポートフォリオ（小林，2007 より）
市場環境の中で活躍できる人材の類型図。

最も適しているメンバーの組合せを編成していきます。このとき、チームのミッションに応じて、類似した人材で構成するのか、多様な個性を持つ人材で構成するのかを検討していきます。たとえば、異なる四タイプの人材を揃えるものをコンプリートタイプと呼び、タグボートタイプの人材だけで構成するものをドリームチームと呼びます。

このFFS理論に基づくチームづくりは、軍事的な観点から優れたチーム構成を目指すプラグマティック（実用的）な性格を色濃く持った方法論だといえます。もともとは軍隊の編成に資するためのものであったのでしょうが、理論化され一般化されたことで、わが国ではビジネス・チームをはじめ、スポーツ・チームの強化や学級学習グループの編成など、多様な領域で採用され成果も報告されています（長野・和田野 二〇〇七、井上・埴生 二〇〇四など）。

ただ、このチームづくりの手法は、あくまでも個々の人材を特性によって分類し、チームのミッションに応じて組み合わせる段階までのものです。この手法が育むチームワーク像については、それぞれのチームのタイプによって異なることが示唆される程度で、十分な検証はなされていません。チーム・デザインのアプローチの場合、デザインしたチームの中で育まれるチームワークの特性は多様であり、それについて具体的に言及したり検証したりすることは容易ではありません。この問題は、チーム・デザインのアプローチに共通する制約といえるでしょう。

●チーム・ビルディングの視点に基づくチームワーク育成

CRMの方法論

CRM（Crew Resource Management）とは、チームの人的資源開発の方法論です。CRMは、安全と安心を確保することをミッションとするチームを対象にして発展してきた方法論です。基本的にはチームに安全文化の教育やトレーニングを施す手法です。もともとは、航空機のコックピットに乗り込むクルー（操縦士チーム）を対象にして行われた、危機的状況に直面しても安全を確保するためのトレーニングでした。それが、次第に、危機に直面することのないように日頃からいつも安全を意識して実現する安全文化を組織に植えつけ浸透させる手法として、航空業界だけでなく、原子力発電や医療の現場などにも広く採用されるようになりました。

CRMは、個人、チーム、組織の各レベルで高いパフォーマンスを達成するために必要な要素を図26のように関連づけて考えます（サラスら 二〇〇一）。個人レベルで身につけるものとしてスキルがあり、それはチームレベルではコーディネーション（調整）になり、組織レベルではリソース・マネジメント（人的資源管理）となることを、この図は示して

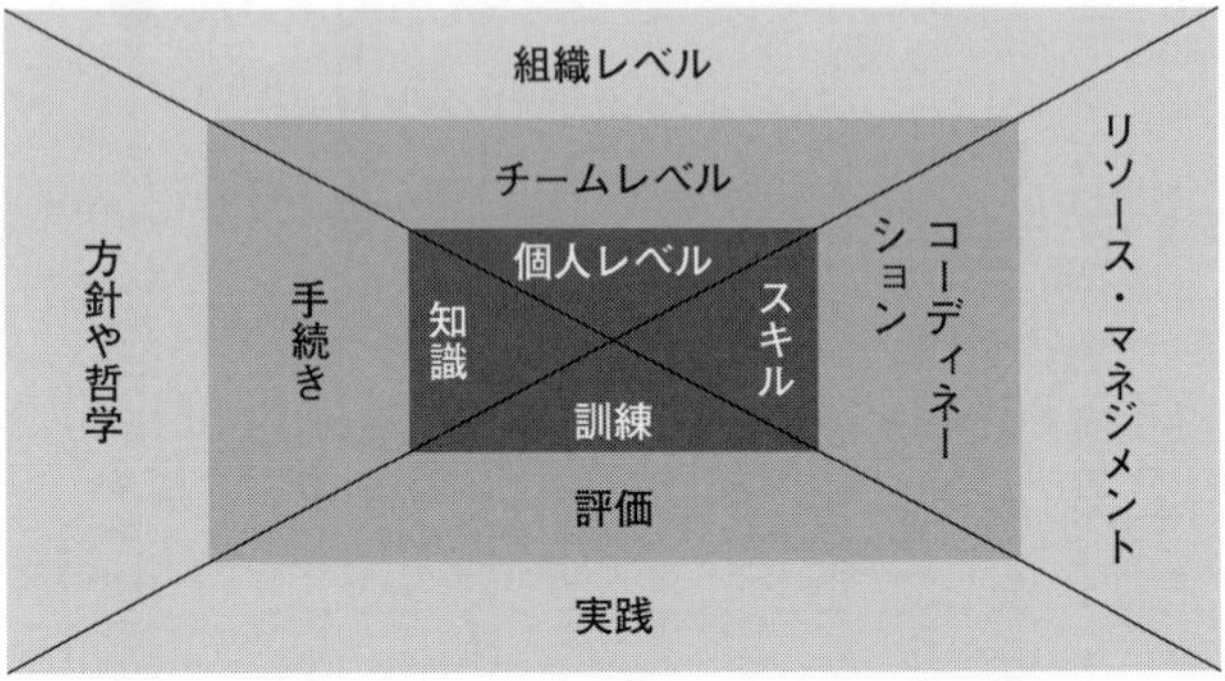

図26　CRM における個人・チーム・組織の要素間関係図
（サラスら，2001 より）

います。同様に、個人レベルにおける知識の修得は、チームレベルでは手続きの修得へと引き継がれ、組織レベルでは方針や哲学の形成となります。そして、個人レベルで必要とされる訓練は、チームレベルでは評価になり、組織レベルでは実践になります。

ＣＲＭの手法は科学的で、教育やトレーニングを行うべき課題を特定する際に、現状をつぶさに分析するところから始めます。体系的なトレーニングと評価を行うためのガイドラインや基準を作成するときにも、業務を的確に遂行するうえで必要なスキルを明確にするために、多様で綿密なデータ収集方法が採用されています。

CRMトレーニングの内容と手法

CRMトレーニングは、①気づき、②実践とフィードバック、③継続的強化の三段階で進められます。

第一段階の気づきは、一日〜三日間のセミナーやワークショップ方式で、インストラクターによる講義や、過去に発生した事故の事例を題材にして、業務遂行の安全を脅かす要素について検討し議論する演習やロールプレイを行い、個人の気づきを促進します。この気づきとは、安全を確保するために必要となるチームレベルの要素についての気づきです。この第一段階については、最近では、コンピュータを活用して自学自習できるシステムも開発されています。

第二段階の実践とフィードバックは、シミュレーション装置を活用して、実際にチームで航空機の運航や操縦を行う形式をとります。いくつかのシナリオが準備されており、突発的な事態やアクシデントへの対処がどのように行われるかを、インストラクターが観察、評価して、その結果をフィードバックします。チェックされるのは大きく分けて、テクニカル・スキルとチームワーク・スキルです。この状況ではこのように判断し行動することが望ましいという、いわゆる正解があって、そのとおりの対処ができるかが評価され、フィードバックされます。シミュレーション以外にも、OJT（On-the-Job Training：実地訓練）も有効です。現実に業務が遂行されている現場に入っての訓練ですから、シミュレーション以上に、リアリティに富んだ訓練となります。

第三段階の継続的強化は、チームにスーパーバイザー（監督者）を配置して、チーム活動に対する評価を日常的にフィードバックしたり、第二段階におけるシミュレーション訓練のときに記録された業務遂行過程に見られるチーム固有の特性を振り返らせたりすることで進めます。またチーム・ブリーフィング（メンバー全員で参加する打合せ）を定期的に開いて、メンバー間で知識や認識の共有をはかるようにします。この段階では、安全を指向するチーム風土やチーム文化を醸成し、強化することが大きな目的になります。

ＣＲＭトレーニングは、チーム単位でストレスに的確に対処できるようになることを重視しています。ストレス対処のチーム・トレーニングの場合も、スキルの訓練と同様、いかなるストレスが存在するのか実情を綿密に分析して明確にしたうえで、それへの対処能力を身につけるためのトレーニングを行います。その構造もスキルの訓練と同様の三段階で設計されています。

ＣＲＭによるチームワーク育成の効果

ＣＲＭは、安全確保というチームのミッションの実現まで、チームづくりの取組みを設計し、実践し、結果を確認し、次に必要な取組みを明確にし、チームで学習して身につけたコーディネーションや手続きを安定させてチームの風土や文化にするように取り組むので、優れたチームワークが成長することは間違いないと思われがちです。

ただ、行動に表れる目に見えるチームワークについては、客観的に把握されていますが、目に見えない心理的なチームワークの把握については、必ずしも十分ではありません。第2章で紹介したように、共有メンタルモデルの視点などを取り入れながら、より明確な測定の取組みが進められている段階です。

CRMによるチームづくりの頭の痛い点は、トレーニングの効果があることは客観的に確認されているのに、実際の事故はどうしてもなくならないことです。世界中で航空、鉄道、船舶、医療や工場など、チームで業務が遂行されている産業現場における事故の発生が相次いで報道され、残念ながら無くなることはありません。佐相とリースン（一九九九）によるチーム・エラーの存在も指摘され、ますます心理学的なアプローチが重視され始めています。安全管理の限界とも思える事故発生防止の課題を克服するために、CRMのターゲットはチームワークに焦点化されつつあります。今後、CRMによるチームワーク育成効果もより明確に測定されるようになると考えられます。

その他のチーム・ビルディングの手法

CRMの他にも、チーム・ビルディングのアプローチをとるチームづくりの手法はいくつかあります。ミッションが異なると、チームづくりの進め方も異なるのが普通です。

コリガンとギフォード（一九九八）は精神障害者のリハビリテーションを行うチームの育成方略をまとめています。基本的には、スタッフが精神障害リハビリテーションの原則を学ぶこと（個人レベルの成長）と、リハビリテーションを受ける人にとって効果的なリハビリテーション活動を開発し実施するために必要なチームワークを育成すること（チームレベルの成長）の二つを常に関連づけながら研修を行っていくIST（Interactive Staff Training：双方向スタッフ研修）を軸とした取組みです。

高度な専門性を持つメンバーで構成されるチームでは、えてして個々のメンバーの主義主張が優先されチームワークは置き去りにされがちです。ISTは、スタッフ全員で意見交換しながら、リハビリテーション事業の開発と実施に関する意思決定を行うものです。メンバー全員のチーム活動への関与を高めることを重視しています。この点で、基本的には自己管理型チームと同様の発想に立っています。ただ、繰返しチーム全員が参画する研修を行って、個々の専門性を高めつつ、絶えずチームで一体となって的確なリハビリテーションのあり方を検討し、開発、実施を繰り返すことで、チームワークの強化をはかる点では、チーム・ビルディングのアプローチをとるものといえます。

また、堀ら（二〇〇七）が提唱しているチームづくりの技法も丁寧に設計されています。これは、チームワークを促進するゲーム感覚でできるチームづくりの技法を、日々の職場で、具体的に経験する様々な局面ごとに整理してまとめたものであり、すぐにでも実践に取り込める点で貴重です。また、ミラー（二〇〇五）も同様に、チームづくりに役立つ技法を多数紹介しています。チームづくりを促進するための技法を多様に準備して実践することは、現在チームを構成するメンバーの能力をチームの力として最大限にまとめあげることを目指したものといえます。これは、多様なメンバーを抱えるチームがチームワークの育成に具体的に踏み込むことを助けています。とはいえ、これらの技法がチームワークの育成に及ぼす効果については経験的に実感されてはいても、科学的に明らかにされたわけではありません。今後は、科学的な測定を加えて、その効果性を客観的に把握することが期待されます。

●効果的なチームワーク育成方略を求めて

チーム・マネジメントの視点

チーム・デザインにもチーム・ビルディングにも長所があり、また限界もあります。メンバー間の相互作用過程には実に多様な変数が影響を及ぼし、その様相は非常にデリケートに変容します。詳細に検討してデザインしても、思い描いたようなチーム・プロセスやチームワークが現れるとは限らないのが実情です。他方、どんなに綿密に仕掛けを組み立てて訓練を積み重ねてきても、想定しなかったような事態やこれまでに経験したことのない事態に直面すると、結局、チームのメンバーの自律的な判断と行動が重要な鍵を握ることになります。では、優れたチームワークを育むには、どのように取り組めば良いのでしょうか。

チームの自律性を生かしながら、目標達成に向けて着実に方向づけしていく取組みとしては、チーム・マネジメントのアプローチがあげられます。チーム・マネジメントは、基本的にはリーダーシップによってチームワークを育成するアプローチです。実際のチーム活動は、リーダーを軸にまとまりを作っていくことが多いのですから、そのリーダーシップを基盤にチームワークを強化するプログラムを検討することは理にかなっています。

ここで再度明確に認識しておきたいことは、リーダーシップとは、メンバーが自律的にチームの目標達成を絶えず意識しながら、判断し行動を選択することを促進する「社会的影響力」であるという点です。いちいち指示や命令をしてメンバーを動かす強制的な性質を持った影響力ではありません。そして、リーダーシップは、チームの責任者や年長者だけが発揮するのではなく、メンバー全員が発揮することのできるものです。全員がリーダーシップを発揮する状態こそが、最高のチームワークが働いている状態だといえます。

とはいえ、いきなりメンバー全員にリーダーシップを求めるのは現実的ではありません。最初はチームの中で核になって、メンバーのコンピテンシーの修得を促進してリーダーシップを引き出す役割を果たす人が必要になります。経験豊かで、すでにコンピテンシーを十分に備えているベテランや、職務上の役割としてチームの管理を任されている管理者にこの役割をとってもらうのが一般的です。

チーム・マネジメントの中心的役割を担う立場になったとき、何を心がけ、どのように振る舞えば良いでしょうか。相手の自律性を尊重しながら、モチベーションを高め、コンピテンシーを身につけてもらい、その力をチームの目標達成に傾注してもらうように働きかける取組みとしては、コーチングの考え方と技法が参考になります。コーチング自体、一冊の本になるような厚みと深さを備えたテーマです。ここでは、ウィットモア（二〇〇二）および古川（二〇〇四）を参考にして、そのエッセンスを説明します。

コーチングのエッセンス

コーチングは、メンバーの内発的で自律的なモチベーションと行動を引き出して、成長を支援する働きかけです。その基本姿勢は次の三点です。

（a）**メンバーの成長への強い関心**……メンバーの成長を期待し、育ててあげたいと願う気持ちを持つことが基盤になります。

（b）**メンバーの可能性、能力、意欲への信頼**……メンバーには様々な将来の可能性が備わっており、何かしら優れた能力を秘めているし、意欲も旺盛であることを信じる気持ちを持つことが基盤になります。

（c）**リーダー自身の自己管理**……誠実に、倫理をわきまえて振る舞い、前向きな姿勢をいつも忘れない態度です。

これらの基本姿勢を基盤にして、コーチングの働きかけを行います。具体的には、図27に示したような四つの働きかけのサイクルを回しながら進めていきます。

まずは、「関心と観察」です。相手となるメンバーの可能性、能力や意欲を信じるとともに、成長を期待し、その成長を支えてあげようとする気持ちを抱き、偏見を持たずに関

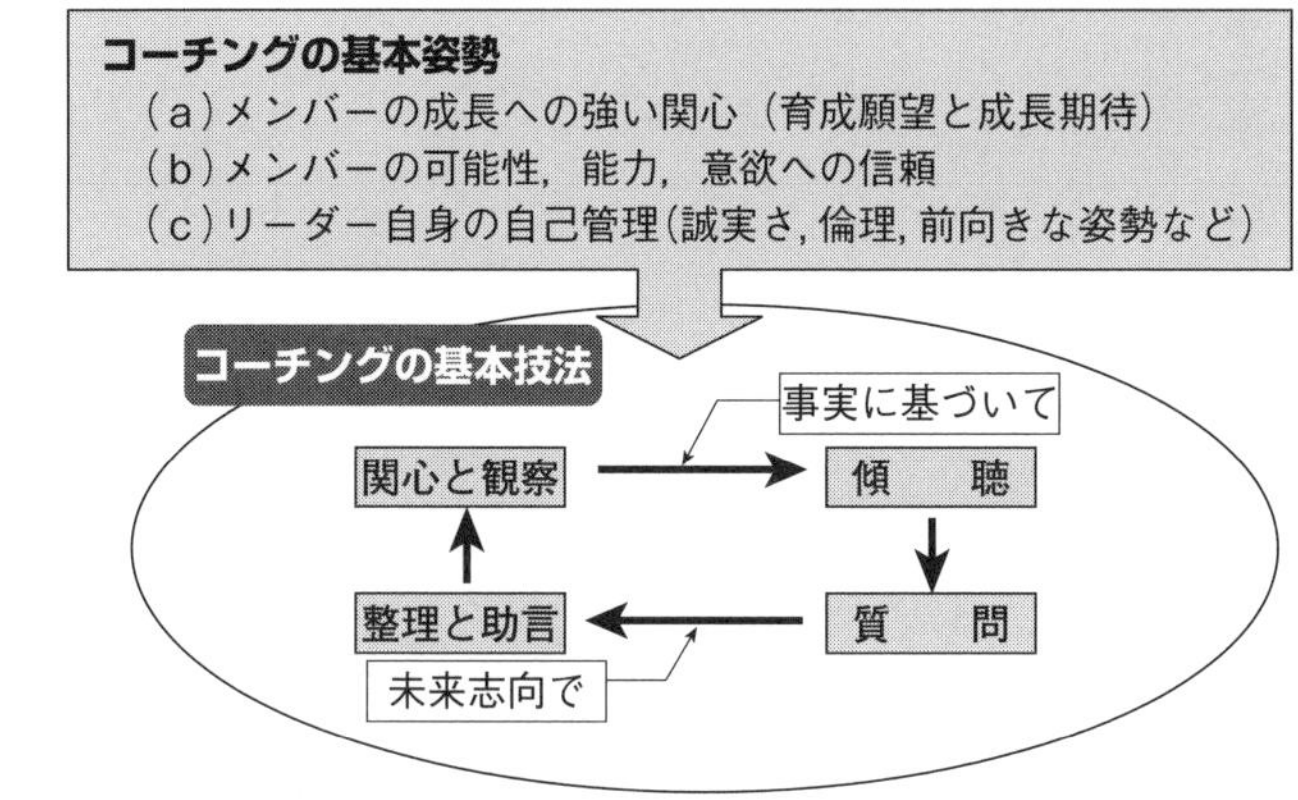

(a) メンバーの成長への強い関心（育成願望と成長期待）
(b) メンバーの可能性，能力，意欲への信頼
(c) リーダー自身の自己管理（誠実さ，倫理，前向きな姿勢など）

コーチングの基本技法

関心と観察 → 傾聴（事実に基づいて）
↑　　　　　　　↓
整理と助言 ← 質問
（未来志向で）

図27　コーチングの基本姿勢と４つの働きかけのサイクル
（古川，2004を参考にして作成）

心を持ってよく観察することです。次は「傾聴」と「質問」です。調子よくことが運んでいるようであれば、よく観察しながら、話をよく聞き、相手が成功のコツに気づくように質問を工夫する取組みが有効です。反対に、迷いや不安があって悩んでいるようであれば、丁寧に考えや意見に耳を傾け、状況を正確に把握するために質問をします。たとえば、何か困難にぶつかっているようならば「今、何が難しいと感じているのか」とか、「どのくらい難しいのか」などと尋ねてみます。どのように行動すれば良いのかわからず迷っているようならば「何かわからないことはないのか」とか、「この先ど

うなるか読めないことは何か」などと尋ねてみます。

コーチングで大事なのは、この次の「整理と助言」です。ここまでの観察、傾聴、質問の結果に基づきながら、メンバー自らが、自分の悩みや迷いを整理して理解するように助言します。コーチングの基本的な考え方は「答えはメンバーが持っている」という言葉に凝縮されています。助言といっても、答えを与えてしまうのではなく、メンバー本人が気づくように工夫した助言をすることが大事です。助言を聞いたメンバーは、悩んだり迷ったりしていたことがスッキリ整理できると、自らそれを克服しようとするモチベーションが湧いてくる存在であることを信じて、働きかけることが大事です。

コーチングを核にしたチーム・マネジメント

一般に、一人のリーダーを中心に良くまとまっているチームには優れたチームワークが育まれているイメージを抱きがちです。ただ、そのようなまとまりの良いチームでは、リーダー以外のメンバーは単にリーダーの指示に従っているだけでしょうか。一人ひとりのメンバーが、自分でやるべきことを判断して取り組まなければチームの目標を達成することは難しくなります。皆が、チームとして成果をあげることを強く意識して、チームの目標達成を促進するように判断して協調しながら行動することが、優れたチームワークの基本条件です。先ほど確認したように、理想のチームワークは、メンバー全員がリーダーシップを発揮しながらチーム活動を遂行することだと考えられます。

コーチングは、メンバー一人ひとりのコンピテンシーを高め、優れたリーダーシップを発揮できる人材へと成長するのを導く取組みです。チームの形成初期には、メンバーの中に何をして良いのかわからず戸惑う人もいることがあります。そんな初期のチームでは指示・命令型のリーダーがありがたいこともあると思います。しかし、チームも成長しなければなりません。多少の苦境やアクシデントにへこたれることなく、自律的に目標達成に向けて行動をとることを実現するには、メンバーの自律性を高め、個々の能力をチームの力にまとめあげるチームワークを育成する取組みが大事です。それを可能にするのは、リーダーがコーチングを軸にメンバーと交流し、広い視野と目標達成を強く希求する意志を備えたメンバーを育てることです。

的確なチーム目標の設定と適切な人材を配置するチーム・デザインをベースに、チームの活動過程においては、メンバーのコンピテンシーを高め、各自のリーダーシップを引き出すように働きかけるリーダーのコーチングを軸にしてチームづくりを行うチーム・マネジメントが、優れたチームワーク育成の鍵を握っているといえるでしょう。チームワークとリーダーシップは、高いコンピテンシーを備えたチームを構築するための両輪です。優れたチームワークを育むには、コーチングに長けた有能なリーダーを育成する取組みが今後の重要な課題になってきます。

6・チームワークの社会心理学的研究のこれから

●集団錯誤の批判を越えて――集団レベルの心理学的特性に関する研究への再挑戦

組織が犯す過ちの責任の所在を考えてみる

昨今、長年にわたるわが国の年金行政のいい加減さが明らかになり、社会保険庁に対して厳しい批判が浴びせられています。管轄する責任を持つ厚生労働省の大臣が矢面に立って国民に謝罪し、必死の説明と信頼建て直しの努力をはかっています。しかし、国民の老後に対する不安は払拭されず、人々の批判の矛先は、社会保険庁の職員たちにも向けられています。ただ、社会保険庁の職員の中には、真摯に正確に年金行政に携わってきた人たちも少なからずいるはずです。そのような真面目な人たちにまで責任を問うのは可哀想なことではないでしょうか。もちろん、自分自身は誠実に職務を遂行してきたといっても、同僚のいい加減な仕事ぶりや怠慢といわれても仕方のない組織の慣習を黙認してきた責任からは免れることはできないという見方もあるでしょう。

ここで考えてみたいと思います。何十年もの長年にわたって維持、継続されてきた組織レベルのいい加減な対応の責任を、たまたまその時点の最高責任者になった者に激しく問いつめることは、的を射た責任の問い方でしょうか。そもそも組織として犯した過ちの責任を個人に問うことは妥当でしょうか。

現在の法制度のもとでは、組織の犯す過ちといえども、最終的に手を下した個人には確実に法的責任が問われます。たとえば、医療現場で、間違った薬を患者に渡してしまい、事故につながった場合、薬を手渡した看護師が責任を問われます。ただ、その薬を処方したのは医師であり、薬を調剤したのは薬剤師ですし、その患者に手渡すようにメモで指示したのは他の看護師です。一人の患者の看護にもたくさんのメンバーが仕事を分担して取り組んでいますから、どこかで間違いが起こるリスクは十分に考えられます。薬を患者に手渡した看護師は、「この薬でいいのかな?」と疑問に感じたとしても、他の看護師は皆忙しく立ち働いているうえに、医師や薬剤師に問い合わせるとイヤな顔をされた経験があると、問合せするのを遠慮して指示されたとおりに渡してしまいます。そして、指示に従っただけなのに、事故が発生すれば、その個人が責任を問われるのです。

組織の一員として判断し行動しての結果である以上、組織としての責任も問われるべきではないでしょうか。しかし、組織のどのようなところに責任の所在があると考えれば良いでしょうか。

組織の責任と規範の関係

第1章でも紹介しましたが、組織の中には、そのメンバーとして、所与の状況で、どのように判断し振る舞うのが「正しい」のかを暗示する規範が存在します（図28参照）。たとえば、明文化された就業規則では十七時に終業となっていても、現実には二～三時間の残業をするのが当たり前になっている会社を想像してもらうとわかりやすいかもしれません。就業規則に明記されていることは建て前に過ぎず、メンバーが共有している価値観、判断基準や行動パターンが規範です。規範は、いわば暗黙の掟《おきて》として強い影響力をメンバーの判断や行動に与えます。

規範は、その組織が育んできた文化としての性格を持ち、外側から観察しただけでは把握しづらい要素もたくさんあります。実際に組織の一員として活動していてはじめて気がつく部分もあれば、組織の中では当たり前すぎて、それが他の組織にはない特徴的なことだとは気づかない部分もあります。それは、目に見えにくいものであり、個人の認知で構

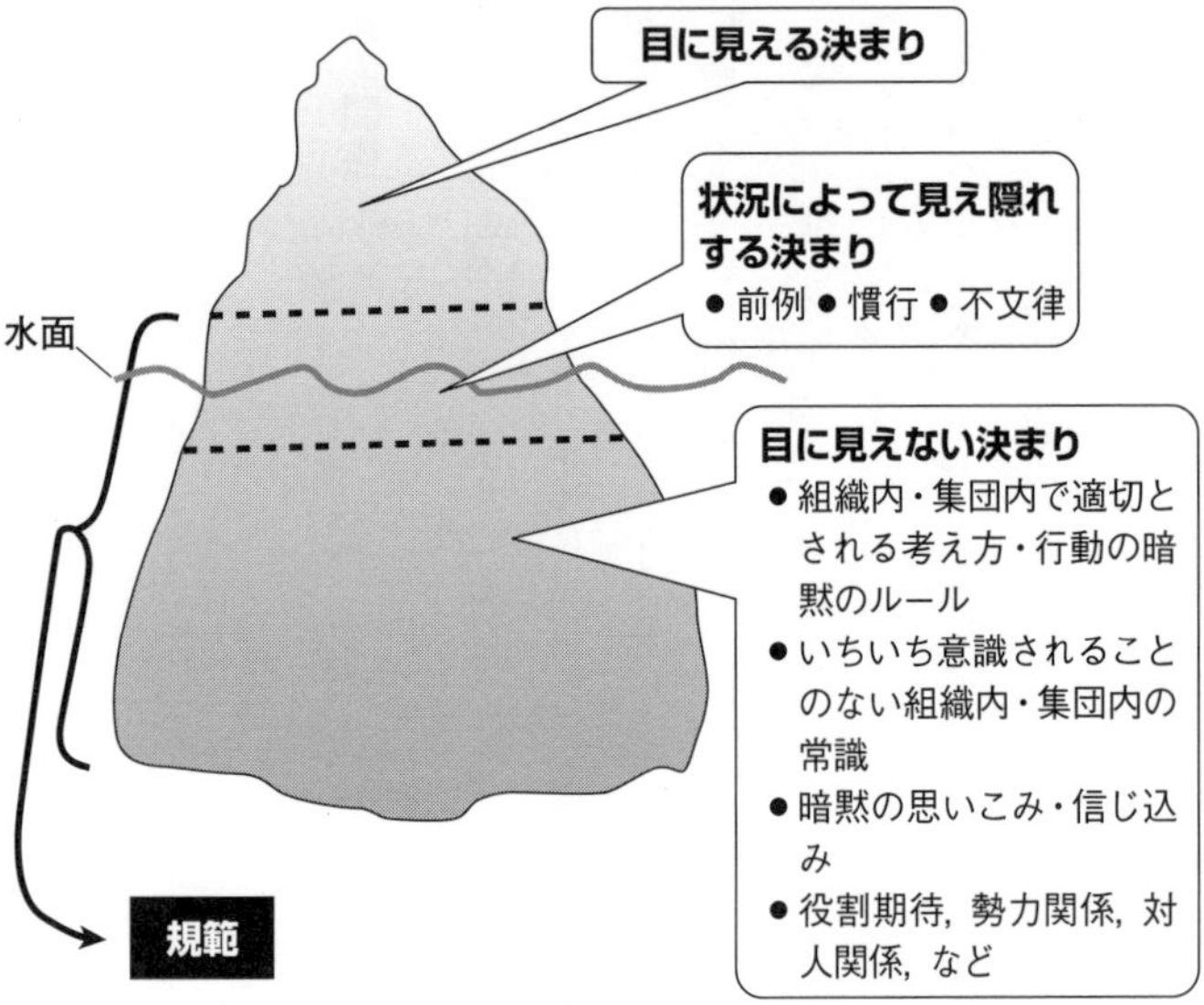

図28　組織の規範を氷山のイメージで表した概念図

成されている心理学的な集団特性であるといえます。規範の存在を確認するには、メンバー個々に質問をして、全員が共有している判断基準や行動パターンを明らかにする方法がとられてきました。心理学的にはそれが正しい方法です。

しかし、それだけで十分でしょうか。確かに規範は個々のメンバーの心の中に存在するものですが、全体としてどのような特性を持ち、様相を呈しているのかは、個人の心理というマイクロ・レベルに還元された要素だけで検討を重ねても限界があります。全体そのものをとらえる取組みもあわせて必要です。

集団レベルの全体的特性に関する社会心理学研究の端緒として

集団には、その集団独特の個性と呼べる全体的特性があることは、誰もが素朴に思っていることです。心理学が個人の内的世界の探究という閉じた領域へのアプローチに専心するあまり、社会心理学が取り組む集団レベル、社会レベルの問題まで、すべて個人レベルに還元して検討するアプローチが当たり前になっています。しかしながら、他者との相互作用や社会との相互作用に重大な関心を払う社会心理学の研究は、個人レベルに留まらない全体性を見据えた研究にも、大胆に羽を広げるべき時がきています。

チームワークに関する社会心理学的研究は、集団錯誤に陥らないように十分注意を払いながら、集団の全体的特性を心理学的に明らかにする取組みの一つとして位置づけることができます。もちろん、その方法論は容易ではありません。複雑系の理論をベースにして、個々のメンバーの心理的な要素が、チームワーク行動へと紡ぎ上げられ、個人レベルには存在しない集団レベルの特性として創発されていることを確かめる手続きは、実験とコンピュータ・シミュレーションを組み合わせるなど、様々な工夫が必要です。複雑系科学の研究領域でも、チームワークに関する検討の試みは進んでいます。そして、社会心理学の枠を越えて、他の領域との交流による創発も始まっています。チームワーク研究のこれからは、集団の全体的特性を心理学的に解明していくアプローチを推進していくことで、個人と集団との相互作用のダイナミズムを明らかにする社会心理学的研究のさらなる深化に貢献するものとなることが期待されます。

●社会の問題解決を目指して

プリスクリプティブ・アプローチ

社会心理学の研究テーマの多くは、実際にわれわれが社会生活を送る中で経験したり見聞したりする問題が出発点になっています。様々な社会現象や社会問題が発生する背景や過程で働いている人間の心理の特性について科学的に検討することが、社会心理学の学術的側面です。ただ、そこで終わってしまったのでは、物足りなさが残ります。やはり、われわれが直面する問題を、いかにして解決したら良いのか、その処方箋《しょほうせん》を提供するところまで踏み込むことも社会心理学には期待されているといえるでしょう。グループ・ダイナミックスを提唱したレヴィン（一九四六）は「優れた理論ほど役に立つものはない」と述べて、実験や調査による理論的な研究と、現実に問題の起こっている現場の問題解決とをリンクさせるアクション・リサーチの重要性を指摘しています。

この処方箋を求める研究の方向性は、最近ではプリスクリプティブ・アプローチと呼ばれます。チームワークに関する社会心理学的研究も、出発点は、組織における職務遂行の品質を高め、組織の競争力を強化するにはどのようにしたら良いのか、という問題意識がアメリカ社会で高まってきたことにありました。わが国では、異なる経緯から、やはりチームワークの重要性が再認識されてきています。チームワークに関する研究のプリスクリプティブ・アプローチとはいかなるものでしょうか。

成果主義導入の副作用

一九八〇年代に世界の経済大国に躍進した日本に対して、国際社会は、一九九〇年代に入ると一斉に、日本特有の商習慣や国内企業の保護を優先する法体系を、国際標準となっているもの（グローバル・スタンダード）に改めるように強く要請し始めました。日本社会は、バブル経済崩壊の後遺症を克服する必要性に迫られていた国内事情と、国際社会からの外圧の両面を考慮して、様々な分野でそれまでの日本ではあまり採用されていなかったやり方を取り入れるようになりました。その代表的なものが成果主義による人的資源管理です。

成果主義は、職務遂行の結果、あがった成果の優秀さに応じて報酬や待遇を決めるという考え方です。そのこと自体はまったく正当であり、この基本理念について異論をはさむ余地はほとんどありません。しかしながら、成果の優秀さをどのように評価するのか、という点に関しては、多様な見解があります。社会心理学でも報酬や負担の公正な分配のあり方については、長年にわたって研究が続けられてきています（林 二〇〇七、原田 二〇〇六など）。

成果主義に関連して問題視されたのは、目に見える結果としての個人的な成果が評価の対象になり、他のメンバーへのサポートや、全体の業績を視野に入れてとった連携のような目に見えにくい文脈的業績と呼ばれる成果については、ほとんど評価されないことでした。拙速な成果主義の導入は、個人的成果をあげなければ、低く評価され、給与がさがり、場合によってはリストラされてしまう環境をはからずも作り上げてしまったのです。

日本特有の組織経営方略であると指摘された終身雇用制度と年功序列制度によって醸成されてきた個人の組織に対する強いコミットメントと、組織全体の利益を考慮して、必要ならば自己犠牲を払ってでも全体の目標達成をアシストしようとする行動特性は、成果主義の導入とともに薄れていきました。定年退職するまでは会社が安定した生活を保障してくれることと引き替えに、個人は組織に忠誠を誓い、会社のために一所懸命に働いていたのです。会社が目に見える成果で個人を評価して処遇する以上、個人は自己の成果をあげることを最優先に考え、行動します。安直な成果主義の導入は、メンバーがチームワークを置き去りにする事態を生み出してしまいました。繰り返しますが、成果主義の理念そのものは正当なものです。問題は、成果に関する公正感のある評価と処遇のあり方です。「虚妄の成果主義」（高橋 二〇〇四）という指摘がありましたが、虚妄にしてしまった導入の方法に問題があるといえます。

チームワークの大切さの再認識

組織の管理者たちから、チームで協調して職務を遂行することを苦手とする人が増えてきたという嘆きが聞かれます。成果主義の浸透とともに自己の業績をあげることにばかりこだわり、組織や職場全体の目標達成をいくぶん軽視する傾向は、わが国の組織で働く人々にもじわじわと広がってきたようです。

治安の維持、消防活動、医療や福祉の活動、行政、ビジネスなど、われわれの社会生活を支える重要な仕事の多くが、チームによる活動に支えられています。もし、そのような現場でチームワークが機能しなければ、非常に深刻な事態を招いてしまいます。一九八〇年代に強い組織コミットメントを基盤としてチームワークと団結を武器に飛躍的な経済発展を遂げた日本と比較して、自国の労働者にチームワークの意識が希薄であることを危惧《きぐ》したアメリカの経営者たちの嘆きが、まるで今や日本のものとなって繰り返されているような印象さえ受けます。

通説として日本人は集団主義的な傾向が強いと指摘されてきました。自分の利益を主張することよりも、集団全体の利益を優先的に考慮して判断し、行動するのが、日本人の特徴だといわれてきたのです。これまで述べてきたような成果主義導入後の変化を見ていると、集団主義は日本人の特性というよりも、終身雇用制度と年功序列制度に代表される日本の社会的制度のもとで醸成され維持されてきた心理的傾向であったといえそうです。ただし、伝統的に受け継がれてきたものは、社会の様々な側面に深く浸透していて、日々の生活の中で絶えず人間の心理に影響を与えます。そして、いつの間にか、人間の無自覚な社会的行動を生み出していきます。現在のわれわれも、伝統的な日本社会の文化や制度のもとで、その影響を受けています。そのことを考えると、成果主義のもとでの自己中心的な振る舞いは、その社会システムの中で生き延びていくために、必要だからやむをえず選択しているものなのかもしれないというとらえ方もしてみる必要があると思います。

筆者は、日本人の作る集団は「おにぎり」のようなものだと思っています。一粒ひとつぶは小さくても、他とほどよくくっついて美味しいおにぎりになるのは、日本人の特技の一つだったのではないかと思います。最近では、日本の文化や社会の特徴、さらには日本人のメンタリティなどを考慮して成果主義の利点を活かしながら、より良い人的資源管理のあり方が検討され始めています。チームワークに関する社会心理学的研究も、成果主義の副作用を克服する方途を探し当てるうえで貢献することが期待されます。

あとがき

「テーマは、『チームワークの社会心理学』ということでお願いします」とライブラリ編者の松井　豊先生とサイエンス社の清水さんにお返事してからずいぶん日にちが過ぎてしまいました。自分で決めておきながら、書き始めると、「あれもよくわかっていない、これもまだ不明確だ」ということばかりで、研究資料をひもとき直したり、新たに探して読んだりと、ずいぶん苦しい旅になってしまいました。

何とかまとめあげて書いてみましたが、チームワークに関する社会心理学的研究は、まさに発展途上にあることを確認するような内容になってしまいました。チームワークは、われわれの日常生活に密着して使われている概念で、あまりに身近すぎるがゆえに研究の対象としては見過ごされてきたような印象もあります。とりわけ、「和をもって尊しとなす」ことを第一に考え、推奨する文化で育ってきた日本人にとっては、チームワークはもともとデフォルトに実現されている状態であって、解決すべき社会的問題としては注目するほどのことはないテーマだった時代が長く続いてきたという見方もあるかもしれません。

本文中に書きましたように、チームワークをめぐる問題は、集団の全体的特性に関する心理学的研究の文脈でも、効果的なチーム活動を実現する社会的問題解決の文脈でも重要性が再認識されています。ＯＥＣＤ（世界経済協力開発機構）も、世界中の人々が同じ地域に共存するグローバル化が進むこれからの国際社会で生活を送るうえで、個人のチームワーク能力を高める取組みが重要であると指摘し、世界の子どもたちのチームワーク力を育む取組みを進めています。長きにわたって身近であり続けてきたチームワークの問題は、今後、さらにその特性に関する科学的な検討と、それを育成し強化する方法の開発が注目されるようになると考えられます。もちろん、筆者が愛してやまないチームスポーツの世界では、永遠のテーマとさえいえる問題でしょう。

学術的な文脈でも、問題解決的な文脈でも、チームワークに関心を持っておられる方々にとって、気軽に手にとって読んでみて、勉強のスプリングボードの役割を果たすような内容になっていることを願って原稿を書き進めました。筆者の力量不足で、その願いは果たされているのか甚だ不安ですが、ご一読いただき、ご批判をいただくことができれば幸いです。

本書を執筆する機会を与えていただいた安藤清志先生、松井　豊先生に深く感謝申し上げます。また、辛抱強くサポートしていただいたサイエンス社編集部の清水匡太さんならびに佐藤佳宏さんに心からお礼申し上げます。

本書の執筆にあたって、たくさんの方々から有形無形にご支援をいただきました。研究室を並べ一緒に研究会を開く機会を持たせていただいている古川久敬先生には、いつも多様な角度から集団や組織をとらえる視点を気づかせていただいてきました。電力中央研究所の佐相邦英さん、蛭子光洋さんには、発電所の現場研究でひとかたならずお世話になりました。共同研究の機会を与えてくださった九州大学大学院工学研究院の野口博司先生、おなじく医学研究院の鮎澤純子先生には、異なる学問分野から問題をとらえたときの面白さを教わりました。また、一緒に実証研究を推進してきた三沢　良さん、田原直美さんはじめ、院生の皆さんには、多大な協力をいただいてきました。この場を借りて、皆様に心からお礼を申し上げます。

最後に、ずっと一緒にいてくれる妻と二人の娘に感謝します。疲れ果てて帰宅しても、ドアを開けると聞こえてくる明るい笑い声と美味しそうな夕食の匂いに、いつも励まされて何とか書きあげる日を迎えることができました。これからもよろしくお願いします。

二〇〇八年六月　ホークスの勝敗に一喜一憂しつつ

山口裕幸

Organization Management, **24** (3), 340-366.

Steiner, I. D. (1972). *Group process and productivity*. New York, NY : Academic Press.

Stogdill, R. M. (1974). *The handbook of leadership : A survey of theory and research*. New York, NY : Free Press.

高橋伸夫 (2004). 虚妄の成果主義——日本型年功制復活のススメ—— 日経BP社

Wegner, D. M. (1987).Transactive memory : A contemporary analysis of the group mind. In B. Mullen, & G. R. Goethals (Eds.), *Theories of group behavior*. New York, NY : Springer-Verlag. pp.185-205.

Whitmore, J. (2002). *Coaching for performance : Growing people, performance and purpose*. Boston, MA : Nicholas Brealey.

Wundt, W., (1922). *Völkerpsychologie : Eine Untersuchung der Entwicklungsgesetze von Sprache, Mythus und Sitte*. Leipzig : Kröner.
(ヴント, W. 平野義太郎 (訳) (1938). 民族心理より見たる政治的社會 民俗學研究, **5** (2), 226-227, 日本評論社)

Yalom, I. D., & Rand, K. H. (1966). Compatibility and cohesiveness in therapy groups. *Archives of General Psychiatry*, **15**, 267-275.

山口裕幸 (1997). 組織の葛藤 大渕憲一 (編著) 紛争解決の社会心理学 ナカニシヤ出版 pp.278-297.

山口裕幸 (2003). チーム・マネジメント——機能的コラボレーションを創出する—— 小口孝司・楠見 孝・今井芳昭 (編著) エミネント・ホワイト——ホワイトカラーへの産業・組織心理学からの提言—— 北大路書房 pp.56-72.

山口裕幸 (2006). 組織の変革と管理者のリーダーシップ——組織やチームを健全な成長へと導くには—— 山口裕幸・高橋 潔・芳賀 繁・竹村和久 (編著) 経営とワークライフに生かそう！産業・組織心理学 有斐閣 pp.111-133.

山内桂子・山内隆久 (2000). 医療事故——なぜ起こるのか, どうすれば防げるのか—— 朝日新聞社

山内桂子・山内隆久・山口裕幸 (2001). 病院では他者の誤りを指摘できているか？——医療場面のコミュニケーションに関する考察—— 日本心理学会第65回大会発表論文集, 919.

(résultats d'essais) [Mechnical tilling equipment with winches and cables (results of tests)]. *Annals de l'Institut National Agronomique*, 2e serie-tomeXII, 229-343.

Rousseau, V., Aubé, C., & Savoie, A. (2006). Teamwork behaviors : A review and integration of frameworks. *Small Group Research*, **37** (5), 540-570.

Salas, E., Bowers, C. A., & Edens, E. (2001). *Improving teamwork in organizations : Applications of resource management training*. Mahwah, NJ : Lawrence Erlbaum Associates.

(サラス, E.・ボワーズ, C. A.・エデンズ, E. 田尾雅夫（監訳）(2007). 危機のマネジメント――事故と安全：チームワークによる克服―― ミネルヴァ書房)

Salas, E., Dickinson, T. L., Converse, S. A., & Tannenbaum, S. I. (1992). Toward an understanding of team performance and training. In R. W. Swezey, & E. Salas (Eds.), *Teams : Their training and performance*. Norwood, NJ : Ablex Publishing Corporation. pp.3-29.

Sasou, K., & Reason, J. (1999). Team errors : Definition and taxonomy. *Reliability Engineering and System Safety*, **65**, 1-9.

佐相邦英・淡川 威・蛭子光洋（2006). チーム評価に関する研究（その3）――行動観察による発電所運転チームのチームワーク評価手法の信頼性・妥当性の検討―― 電力中央研究所報告（研究報告：Y05007）財団法人電力中央研究所

沢崎達夫・平木典子（2005). アサーション・トレーニングの考え方と歴史 平木典子（編）アサーション・トレーニング――その現代的意味―― 現代のエスプリ No. 450, 至文堂 pp.30-36.

Schacter, S. (1951). Deviation, rejection and community. *Journal of Abnormal and Social Psychology*, **46**, 190-207.

Senge, P. M. (1990). *The fifth discipline : The art and practice of the learning organization*. New York, NY : Doubleday.

(センゲ, P. M. 守部信之（訳）(1995). 最強組織の法則――新時代のチームワークとは何か―― 徳間書店)

Sherif, M. (1936). *The psychology of social norms*. New York, NY : Harper.

Spreitzer, G. M., Cohen, S. G., & Ledford, G. E. (1999). Developing effective self-managing work teams in service organizations. *Group and*

「自律的チーム労働」の試み―― 商学研究科紀要（早稲田大学），**61**, 201-222.

Norman, D. A., & Bobrow, D. G. (1975). On data-limited and resource-limited processes. *Cognitive Psychology*, **7**, 44-64.

Ohbuchi, K., & Takahashi, Y. (1994). Cultural styles of conflict management in Japanese and Americans : Passivity, covertness, and effectiveness of strategies. *Journal of Applied Social Psychology*, **24** (15), 1345-1366.

大塚雄市・三沢　良・野口博司・山口裕幸（2006）. 守られる設計，製造上の安全規則に関する考察――創造的心的構えと規則違反行動の関連性についての実証的研究―― 日本機械学会論文集，**73**, 331-338.

大坪庸介・島田康弘・森永今日子・三沢　良（2003）. 医療機関における地位格差とコミュニケーションの問題――質問紙調査による検討―― 実験社会心理学研究，**43**（1），85-91.

大山　正・丸山康則（編）（2001）. ヒューマンエラーの心理学――医療・交通・原子力事故はなぜ起こるのか―― 麗澤大学出版会

Okada, T., & Simon, H. A. (1997). Collaborative discovery in a scientific domain. *Cognitive Science*, **21**, 109-146.

岡田武史・平尾誠二・古田敦也（2003）. 勝利のチームメイク 日本経済新聞社

Pearce, C. L., & Conger, J. A. (2003). *Shared leadership : Reframing the hows and whys of leadership*. Thousand Oaks, CA : Sage.

Peterson, E., Mitchell, T. R., Thompson, L., & Burr, R. (2000). Collective efficacy and aspects of shared mental models as predictors of performance over time in work groups. *Group Processes and Intergroup Relations*, **3** (3), 296-316.

Rentsch, J. R., Heffner, T. S., Duffy, L. T. (1993). *Teamwork schema representations : The role of team experience*. Paper presented at the eighth annual conference of the Society for Industrial and Organizational Psychology. San Francisco.

Rico, R., Sanchez-Manzanares, M., Gil, F., & Gibson, C. (2008). Team implicit coordination processes : A team knowledge-based approach. *Academy of Management Review*, **33** (1), 163-184.

Ringelmann, M. (1913). Appareils de cultur mécanique avec treuils et cables

補版　誠信書房）

Likert, R., & Likert, J. G.（1976）. *New ways of managing conflict.* New York, NY：McGraw-Hill.

Manz, C. C., Sims, H. P. Jr.（1987）. Leading workers to lead themselves：The external leadership of self-managing work teams. *Administrative Science Quarterly,* **32**（1）, 106-129.

Martens, R., & Peterson, J. A.（1971）. Group cohesiveness as a determinant of success and member satisfaction in team performance. *International Review of Sports Sociology*, **6**, 49-61.

McDougall, W.（1920）.*The group mind : A sketch of the principles of collective psychology with some attempt to apply them to interpretation of national life and character.* Cambridge, England：Cambridge University Press.

Miller, B. C.（2004）. *Quick teambuilding activities for busy managers : 50exercises that get results in just 15minutes.* New York, NY：AMACOM.（ミラー, B. C. 富樫奈美子（訳）（2005）. 15分でできるチーム・ビルディング・ゲーム　ディスカバー・トゥエンティワン）

三沢　良・山口裕幸・田原直美（2006）. 安心を創出する職場環境とチームワークに関する研究　平成16・17年度科学研究費補助金・基盤研究（C）（2）研究成果報告書（研究代表者：山口裕幸, 課題番号：16530404, チームコンピテンシーを育成・強化するマネジメント方略の研究）pp.20-47.

三隅二不二（1984）. リーダーシップ行動の科学　改訂版　有斐閣

三浦利章・原田悦子（編著）（2007）. 事故と安全の心理学――リスクとヒューマンエラー――　東京大学出版会

Moreland, R. L., & Levine, J.M.（1988）. Group dynamics over time：Development and socialization in small groups. In J. E. McGrath（Ed.）, *The social psychology of time*. Newbury Park, CA：Sage. pp.151-181.

Morgan, B. B., Salas, E., & Glickman, A. S.（1993）. An analysis of team evolution and maturation. *Journal of General Psychology*, **120**, 277-291.

長野志穂・和田野安良（2007）. バスケットボールにおける選手の個性と集団的人間関係に着目したチームビルディングに関する一考察　茨城県立医療大学紀要, **12**, 131-140.

乗川　聡（2005）. バーチャ・システム――両大戦間期の巨大企業における

University Press.

Kauffman, S. (1995). *At home in the universe : The search for laws of self-organization and complexity*. New York, NY : Oxford University Press.
(カウフマン, S. A. 米沢富美子（監訳）(1999). 自己組織化と進化の論理——宇宙を貫く複雑系の法則—— 日本経済新聞社)

Kirkman, B. L., & Shapiro, D. L. (1997). The impact of cultural values on employee resistance to teams : Toward a model of globalized self-managing work team effectiveness. *The Academy of Management Review*, **22** (3), 730-757.

Klimoski, R., & Mohammed, S. (1994). Team mental model : Construct or metaphor? *Journal of Management*, **20** (2), 403-437.

小林惠智（監修）インタービジョンコンソーシアム（著）(2007). ［入門］チーム・ビルディング—— 1＋1が2以上になる最強組織の作り方—— PHP研究所

Kraiger, K., & Wenzel, L. H. (1997). Conceptual development and empirical evaluation of measures of shared mental models as indicators of team effectiveness. In M. Brannick, E. Salas, & C. Prince (Eds.), *Team performance assessment and measurement : Theory, methods, and applications*. Mahwah, NJ : Lawrence Erlbaum Associates. pp.63-84.

Kraiger, K., Ford, J. K., & Salas, E. (1993). Application of cognitive, skill-based, and affective theories of learning outcomes to new methods of training evaluation. *Journal of Applied Psychology*, **78**, 311-328.

Langon-Fox, J., Code, S., & Langfield-Smith, K. (2000). Team mental models : Techniques, methods, and analytic approaches. *Human Factors : The Journal of the Human Factors and Ergonomics Society*, **42** (2), 242-271.

Latané, B., Williams, K., & Harkins, S. (1979). Many hands make light the work : The cause and consequences of social loafing. *Journal of Personality and Social Psychology*, **37**, 822-832.

Lewin, K. (1946). Action research and minority problems. *Journal of Social Issues*, **2** (4), 34-46.

Lewin, K. (1951). *Field theory in social science : Selected theoretical papers*. New York, NY : Harper.
(レヴィン, K. 猪股佐登留（訳）(1979). 社会科学における場の理論　増

psychology in Europe. vol. 7. The Netherlands：Tilburg University Press. pp.7-28.
芳賀　繁（2000）. 失敗のメカニズム――忘れ物から巨大事故まで――　日本出版サービス
原田耕太郎（2006）. 報酬分配場面における公正認知に関する研究　大学教育出版
Hart, S. G.（1986）. Theory and measurement of human workload. In J. Zeidner（Ed.）, *Human productivity enhancement*. Vol. 1. New York, NY：Praeger. pp.396-455.
林　洋一郎（2007）. 社会的構成研究の展望―― 4つのリサーチ・パースペクティブに注目して――　社会心理学研究, **22**（3）, 305-330.
Hersey, P., & Blanchard, K. H.（1977）. *Management of organizational behavior : Utilizing human resources*. Englewood Cliffs, NJ：Prentice-Hall.
平尾誠二（1996）. 勝者のシステム――勝ち負けの前に何をなすべきか――講談社
広田君美（1981）. 集団　新版 心理学事典　平凡社　pp. 361-365.
Homans, G. C.（1961）. *Social behavior : Its elementary forms*. New York, NY：Harcourt Brace Jovanovich.
（ホーマンズ, G. C. 橋本　茂（訳）（1978）. 社会行動――その基本形態――　誠信書房）
堀　公俊・加藤　彰・加留部貴行（2007）. チーム・ビルディング――人と人を「つなぐ」技法――　日本経済新聞出版社
Hutchins, E.（1990）. The technology of team navigation. In J. Galegher, R. E. Kraut, & C. Egido（Eds.）, *Intellectual teamwork : Social foundations of cooperative work*. Hillsdale, NJ：Lawrence Erlbaum Associates. pp.191-220.
Ingham, A., Levinger, G., Graves, J., & Peckham, V.（1974）. The Ringelmann effect：Studies of group size and group performance. *Journal of Experimental Social Psychology*, **10**, 371-384.
井上久祥・埴生加奈子（2004）. 学習者の思考特性に着目したグループ形成支援の方法――協調作業を有効にするグループ形成システムのための基礎的研究――　情報処理学会研究報告, **94**, 19-24.
Johnson-Laird, P. N.（1983）. *Mental models*. Cambridge, MA：Harvard

of self-managing work team effectiveness. *Human Relations*, **49** (5), 643-676.

Corrigan, P. W., & Giffort, D. W. (1998). *Building teams and programs for effective psychiatric rehabilitation*. San Francisco, CA : Jossey Bass Wiley.
(コリガン, P. W.・ギフォート, D. W. 野中　猛（監訳）・柴田珠里（訳著）(2002). チームを育てる——精神障害リハビリテーションの技術——　金剛出版)

Dickinson, T. L., & McIntyre, R. M. (1997). A conceptual framework for teamwork measurement. In M. T. Brannick, E. Salas, & C. Prince (Eds.), *Team performance assessment and measurement : Theory, methods, and applications*. Mahwah, NJ : Lawrence Erlbaum Associates. pp.19-43.

Dickinson, T. L., McIntyre, R. M., Ruggeberg, B. J., Yanushefski, A. M., Hamill, L. S., & Vick, A. L. (1992). *A conceptual framework for developing team process measures of decision-making performance*. Orland, FL : Naval Training System Center.

Durkheim, É. (1897). *Le suicide : Étude de sociologie*. Paris : Les Presses Universitaires de France.
(デュルケーム, E. 宮島　喬（訳）(1985). 自殺論　中央公論新社)

Dwyer, D. J., Oser, R, L., Fowlkes, J. E., & Lane, N. E. (1997). Team performance measurement indistributed environments : The TARGETs methodology. In M. Brannick, E. Salas, & C. Prince (Eds.), *Team performance assessment and measurement : Theory, methods, and applications*. Mahwah, NJ : Lawrence Erlbaum Associates. pp.137-153.

Festinger, L. (1950). Informal social communication. *Psychological Review*, **57** (5), 271-282.

Festinger, L. (1954). A theory of social comparison processes. *Human Relations*, **7**, 117-140.

古川久敬（2004). チーム・マネジメント　日本経済新聞社

Garvin, D. (1993). Building a learning organization. *Harvard Business Review*, **71** (4), 78-92.

Goldberg, L. (1999). A broad-bandwidth, public-domain, personality inventory measureing the lower-level facets of several five-factor models. In I. Mervielde, I. J. Deary, F. De Fruyt, & F. Ostendorf (Eds.), *Personality*

引用文献

Allport, F. H. (1924). *Social psychology.* Boston, MA/New York, NY：Houghton Mifflin.

Arrow, H., McGrath, J. E., & Berdahl, J. L. (2000). *Small groups as complex systems : Formation, coordination, development and adaptation.* Thousand Oaks, CA：Sage.

Battenhausen, K. L. (1991). Five years of group research：What have we learned and what needs to be addressed? *Journal of Management*, **17**, 345-381.

Blake, R. R., & Mouton, J. S. (1964). *The managerial grid.* Houston, TX：Gulf.（ブレーク, R. R.・ムートン, J. S. 上野一郎（訳）(1964). 期待される管理者像　産業能率短期大学出版部）

Bowers, C. A., Braun, C. C., & Morgan, Jr. B. B. (1997). Team workload：Its meaning and measurement. In M. Brannick, E. Salas, & C. Prince (Eds.), *Team performance assessment and measurement : Theory, methods, and applications.* Mahwah, NJ：Lawrence Erlbaum Associates. pp.85-108.

Cannon-Bowers, J. A., Salas, E., & Converse, S. (1993). Shared mental models in expert team decision making. In N. J. Castellan, Jr. (Ed.), *Individual and group decision making : Current issues.* Hillsdale, NJ：Lawrence Erlbaum Associates. pp.221-246.

Cialdini, R. B., Bordoen, R., Thorne, A., Walker, M., Freeman, S., & Sloane, L. R. (1976). Basking in reflected glory：Three (football) field studies. *Journal of Personality and Social Psychology*, **34** (3), 366-375.

Cohen, S. G., & Bailey, D. E. (1997). What makes teams work：Group effectiveness research from the shop floor to the executive suite. *Journal of Management*, **23** (3), 239-290.

Cohen, S. G., & Ledford, G. E. (1994). The effectiveness of self-managing teams：A quasi-experiment. *Human Relations*, **47** (1), 13-31.

Cohen, S. G., Ledford, G. E. Jr., & Spreitzer, G. M. (1996). A predictive model

著者略歴

山口裕幸
やま ぐち ひろ ゆき

1981年　九州大学教育学部卒業
1991年　九州大学大学院教育学研究科博士課程単位取得満期退学
現　在　九州大学大学院人間環境学研究院教授　博士（教育心理学）

主要編著書・訳書

『多数派結成行動の社会心理学』（単著）（ナカニシヤ出版，1988）
『心理学リーディングス――素朴だけど不思議な日々の出来事と人間心理』（編著）（ナカニシヤ出版，2001）
『共視論――母子像の心理学』（分担執筆）（講談社，2005）
『経営とワークライフに生かそう！産業・組織心理学』（共著）（有斐閣，2006）
『よくわかる産業・組織心理学』（共編著）（ミネルヴァ書房，2007）
『テロリズムを理解する――社会心理学からのアプローチ』（共訳）（ナカニシヤ出版，2008）
『心理学概論』（共編）（サイエンス社，2020）

セレクション社会心理学—24

チームワークの心理学

——よりよい集団づくりをめざして——

2008年 7月25日 © 初版発行
2022年 9月25日 初版第14刷発行

著 者 山口裕幸 発行者 森平敏孝
印刷者 大道成則

発行所 株式会社 サイエンス社
〒151-0051 東京都渋谷区千駄ヶ谷1丁目3番25号
営業 ☎(03)5474-8500(代) 振替 00170-7-2387
編集 ☎(03)5474-8700(代)
FAX ☎(03)5474-8900

印刷・製本 太洋社
《検印省略》

ISBN978-4-7819-1206-6

PRINTED IN JAPAN

セレクション社会心理学12

恋ごころの科学

松井　豊 著

四六判・208ページ・本体1,200円（税抜き）

恋愛はいつの時代でも，青年の大きな関心事です．しかし，「恋」と一言で言っても，さまざまな形があります．また，人の成長とともに変わってゆくものでもあります．本書では，日本の恋愛に関する調査や研究，文献を広く紹介し，恋愛の発達的側面，恋愛における行動の変化と意識の問題などについて，やさしく解説します．

【主要目次】